DIRK UND ICH

Andreas Steinhöfel wurde 1962 in Battenberg geboren. Er ist Autor zahlreicher, vielfach preisgekrönter Kinder- und Jugendbücher, wie z. B. »Die Mitte der Welt«. Für »Rico, Oskar und die Tieferschatten« erhielt er u. a. den Deutschen Jugendliteraturpreis. Nach Peter Rühmkorf, Loriot, Robert Gernhardt und Tomi Ungerer hat Andreas Steinhöfel 2009 den Erich Kästner Preis für Literatur verliehen bekommen. 2013 wurde er mit dem Sonderpreis des Deutschen Jugendliteraturpreises für sein Gesamtwerk ausgezeichnet und 2017 folgte der James-Krüss-Preis. Zudem wurde er für den ALMA und den Hans-Christian-Andersen-Preis nominiert. Andreas Steinhöfel ist als erster Kinder- und Jugendbuchautor Mitglied der Deutschen Akademie für Sprache und Dichtung. Seine Serie über Rico und Oskar wurde sehr erfolgreich fürs Kino verfilmt. Zusätzlich zu seiner Autorentätigkeit arbeitet er als Übersetzer und Rezensent und schreibt Drehbücher. Seit 2015 betätigt er sich in seiner Filmfirma sad ORIGAMI als Produzent von Kinderfilmen.

Peter Schössow, Jahrgang 1953, gehört zu den renommiertesten deutschen Illustratoren. Nach seinem Studium an der Fachhochschule für Gestaltung in Hamburg arbeitete er unter anderem für Spiegel, Stern und »Die Sendung mit der Maus«. Darüber hinaus hat er eine Vielzahl von Kinderbüchern verfasst und illustriert, für die er mehrfach ausgezeichnet wurde, unter anderem mit dem Troisdorfer Bilderbuchpreis und dem Deutschen Jugendliteraturpreis. Peter Schössow lebt in Hamburg.

ANDREAS STEINHÖFEL

DIRK UND ICH

MIT BILDERN VON PETER SCHÖSSOW

Für Lynn und Amy

INHALT

Schneeflöckchen, Weißröckchen   7

Schöne Bescherung   15

Das Spaghettimonster   31

Karotten im Weltall   45

Der Plastiksack   55

Das Baumhaus   71

Feige Früchte und mutige Männer   89

Schweine, Leitern, Mischmaschinen   103

Es grünt so grün   119

Die Schlammschleudern   133

Das Wasser kommt, das Wasser kommt!   145

Agathe auf großer Fahrt   161

Dann mach doch!
Zur Geschichte von *Dirk und ich*   177

SCHNEEFLÖCKCHEN, WEISSRÖCKCHEN

Der erste Schnee fiel in diesem Jahr Anfang Dezember, an einem Samstag.

Dirk und ich, wir kamen morgens in die Küche, wo Mami und Papi schon am Frühstückstisch saßen. Papi musste samstags nicht arbeiten, weil da die Bank geschlossen hatte, wo er Abteilungsleiter war. Mami arbeitete auch, als Sekretärin in Brauns großer Fabrik, aber nur halbtags. Sie erzählte immer allen Leuten, die andere Hälfte vom Tag würde sie dazu brauchen, Papi und uns den Dreck hinterherzuräumen, den wir in der Wohnung machten.

Mami saß also mit Papi am Frühstückstisch und hatte gemütlich die Hände auf ihren dicken Schwangerbauch mit dem Baby drin gelegt. Guckt mal aus dem Fenster raus, sagte sie, wie das Land sich einen weißen Mantel umgelegt hat.

Dirk und ich, wir stellten uns ans Fenster und schauten raus. Dirk sagte, er könnte zwar keinen Mantel sehen, aber alles wäre voller Schnee, und wie klasse das wäre, weil wir jetzt Schlitten fahren und Schneemänner bauen könnten.

Es fielen massenweise Schneeflocken runter vom Himmel, Millionen und Millionen. Ich suchte mir eine einzelne aus, die noch ganz oben war, und guckte ihr so lange nach, bis sie auf dem Boden lag bei den anderen.

Wir wohnten damals noch in dem Haus am Stadtrand, mitten im Wald. Diese Tante von Papi, von der wir später das Haus in der Stadt erbten, die war noch am Leben. Björn war auch noch nicht geboren, er kam erst im Jahr darauf im April zur Welt. Ich hatte auch Tobi noch nicht, mein Meerschweinchen, und Behruz, den dicken Perser, der später mein Freund wurde, lernte ich erst viel später kennen.

Aber Richard war schon mein bester Freund. Wir waren echte Blutsbrüder.

Ich war sieben Jahre alt und Dirk war sechs.

Jedenfalls, an diesem Tag mit dem vielen frischen Schnee wollten Dirk und ich Schlitten fahren nach dem Frühstück.

Papi holte unseren Schlitten vom Dachboden runter. Er sagte, wir sollten die Kiste bloß nicht kaputt fahren, so wie letztes Jahr, als Dirk gegen einen Baum gerast war und sich den Arm gebrochen hatte.

Dirk war immer viel mutiger als ich, aber dafür hatte ich mir auch noch nichts gebrochen. Außer mal im Sommer, da war ich mit dem Fahrrad ein bisschen gegen eine Laterne gefahren. Ich hatte mir zwei Zähne ausgeschlagen und runtergeschluckt. War aber nicht schlimm gewesen, weil, das waren Milchzähne.

Während Papi den Schlitten holte, packte Mami uns in warme Klamotten. Wir mussten Handschuhe anziehen und unsere Pudelmützen. Zuletzt wickelte Mami uns noch die dicken Schals um den Hals, die Oma für uns gestrickt hatte.

Oma war Mamis Mutter. Wenn sie da war, gab es meistens

Krach, weil sie Papi nicht leiden konnte. Sie erzählte immer, Papi wäre in seiner Jugend so ein schrecklicher Halbstarker gewesen. Er wäre mit seinem Motorrad durch die Gegend gefahren, um alte Leute zu erschrecken, und nie würde sie verstehen, warum Mami so einen angeberischen Blödmann geheiratet hatte.

Oma erzählte viel von früher. Am liebsten erzählte sie, wie sie nach dem Krieg durch die zerbombte Gegend geflüchtet war und wie sie dabei Tante Gertrud auf ihrem Rücken rumgeschleppt hatte. Dann tat mir Oma immer sehr leid, weil, Tante Gertrud war total fett.

Papis Mutter war schon gestorben, als Dirk und ich noch gar nicht auf der Welt waren. Opas hatten wir auch keine.

Mami wickelte uns also die Schals um den Hals und dabei sagte sie, wir sollten gut auf uns aufpassen, damit wir uns nicht wieder irgendwelche Knochen oder Zähne brechen. Und dann ging es endlich los.

Es gab da eine große Wiese mit einem ganz langen Abhang bis runter zum Schwarzenbach, die war nur eine Viertelstunde von unserem Haus entfernt. Da gingen Dirk und ich hin.

Der Schnee lag ziemlich hoch, und als wir ankamen bei der Wiese, da schneite es immer noch. Es war sehr kalt und still überall. Das einzige Geräusch kam von den Schneeflocken, wie sie leise auf die Erde fielen, und von unseren Stiefeln, wie sie durch den Schnee stapften. Wir kletterten den Abhang rauf und ich zog den Schlitten hinter mir her.

Als wir oben ankamen, wollte Dirk natürlich gleich an der steilsten Stelle von allen runterfahren, die direkt zum Bach führte. Ich dachte mir gleich, dass das nicht gut gehen konnte, aber ich sagte nichts, damit Dirk nicht dachte, ich wäre ein Feigling.

Wir setzten uns auf den Schlitten, Dirk vorne und ich hinten. Festhalten, rief Dirk, jetzt geht die Post ab!

Es war super, vor allem superschnell. Der Wind rauschte mir um die Ohren, die Schneeflocken klatschten mir ins Gesicht und ich konnte kaum was sehen, weil ich die Augen zugekniffen hatte. Es ging schneller und schneller und Dirk schrie, er wäre der beste Schlittenfahrer der Welt, und ich schrie, wann wir endlich ankämen, ich könnte nichts sehen.

Dann gab es einen Schlag.

Ich segelte kurz durch die Luft, es krachte und ich landete mit dem Gesicht voran im Schnee. Es tat total weh und brannte, aber wenigstens waren keine Knochen kaputt.

Dirk war nicht da. Der Schlitten auch nicht. Ich guckte mich um und da hörte ich Dirk schreien, unten im Schwarzenbach. Er saß mittendrin, klatschnass, neben dem Schlitten. Gott sei Dank war der Bach an der Stelle nicht besonders tief. Dafür war die Böschung ganz schön hoch, bestimmt einen Meter.

Ich musste lachen, weil Dirk so witzig aussah mit seiner nassen Pudelmütze auf dem Kopf. Aber er war total sauer und schnauzte mich an, was es da zu lachen gäbe, schließlich hätte ich nicht richtig gelenkt, ich wäre ein Idiot und demnächst sollte ich zu Hause bleiben und Schneemänner bauen.

Ich schnauzte zurück, selber Idiot, du bist einfach zu doof zum Schlittenfahren, und wenn er nicht die Klappe hielte, dann könnte er sehen, wie er alleine aus dem blöden Bach wieder rauskäme. Dirk rief, ich könnte ihn ja sitzen lassen, dann würde er erfrieren und dann würde Weihnachten ausfallen und Silvester wahrscheinlich auch noch, wegen der Trauer.

Ich tat so, als müsste ich lange nachdenken, und dann sagte ich, na gut, ich hol dich raus – aber nur wegen Weihnachten!

Ich hielt mich mit einer Hand am Ast von einem kleinen Baum fest, der über den Bach hing. Die andere Hand streckte ich runter zu Dirk. Es war ziemlich knapp und rutschig wegen des Schnees, aber der Ast hielt. Dirk packte meine Hand und alles wäre prima gewesen, wenn er sich nicht nach dem Schlitten gebückt hätte, ohne mich dabei loszulassen, der Trottel.

Der Ast knackte, riss ab und ich stürzte die Böschung runter in den Bach. Ich wollte schreien, aber da hatte ich den Mund schon voll mit Wasser. Es war eiskalt. Vor lauter Schreck konnte ich kaum atmen.

Als ich mich aufgerappelt hatte, stand Dirk neben mir und lachte sich halb tot. Ich war so stinksauer, dass ich ihm eine mit meinem nassen Handschuh klebte. Da lachte Dirk nicht mehr, aber er klebte mir eine zurück und ruck, zuck lagen wir im Wasser und kloppten uns. Wenn es nicht so entsetzlich kalt gewesen wäre, hätten wir uns bestimmt viel länger geprügelt, aber es ging einfach nicht.

Wir mussten den Bach ein ganzes Stück nach unten laufen, bis endlich eine Stelle kam, wo wir rausklettern konnten. Mittlerweile hatte es aufgehört zu schneien, aber es war windig und wir zitterten vor Kälte. Ich hatte Angst, dass wir beide festfrieren und dann in der Gegend rumstehen würden wie zwei Eiszapfen.

Keiner könnte uns so zugefroren erkennen und Mami und Papi müssten die Polizei anrufen und uns suchen lassen. Es würde Monate dauern, bis sie uns fänden, bis zum Frühling, und in der Zwischenzeit würden die Hunde von den Spaziergängern an uns dranpinkeln, weil sie dachten, wir wären irgendwelche eingeschneiten Büsche.

Am liebsten hätte ich geheult, aber dann würden mir womöglich die Augen zufrieren. Alles war total schrecklich und dann pinkelte Dirk sich auch noch in die Hose.

Als wir zu Hause ankamen, war Mami total wütend. Sie zog uns die nassen Sachen aus und steckte uns in die Badewanne, in ganz heißes Wasser. Mami sagte, weil ihr so doof seid und nicht auf euch selber aufpassen könnt, verbiete ich euch jetzt das Schlittenfahren, und zwar für die ganze nächste Woche.

Dirk fing an zu heulen, aber ich dachte, von mir aus, der blöde Schlitten liegt sowieso noch im Bach. Das musste ich leider auch Papi sagen, als er nach dem Schlitten fragte, und dann war der auch noch sauer. Er sagte, es würde uns völlig recht geschehen, dass wir jetzt eine Woche lang nur Schneemänner bauen konnten.

Er holte aber den Schlitten, während Mami Dirk und mich in die Schlafanzüge steckte und uns dann im Wohnzimmer auf der Couch ein Bett baute, mit unten einer Wärmflasche für die Füße. Sie grinste und sagte, wir wären zwar doof, aber trotzdem ihre Schätze, deshalb würde sie uns jetzt heißen Kakao machen.

Als Papi mit dem Schlitten wiedergekommen war, mussten

Dirk und ich genau erzählen, wie wir im Schwarzenbach gelandet waren und wie wir uns gekloppt hatten und alles.

Also, sagte Papi, ihm wäre früher mal etwas Ähnliches passiert. Und er erzählte, wie er als Kind mit Onkel Alfred, seinem Bruder, beim Schlittenfahren im Dorfteich gelandet war. Sie hatten eine Ente überfahren auf dem zugefrorenen Teich, bevor sie ins Eis einkrachten, und die Ente war ins Loch gefallen und abgesoffen und nie wieder aufgetaucht.

Mami sagte, also Peter! Erzähl den Kindern nicht solche schrecklichen Sachen!

Papi sagte, *das* war nicht schrecklich. Schrecklich war, dass der Mann von der Ente, der Erpel, sich in das Loch hinterhergeschmissen hatte, und zwar aus Verzweiflung über den Verlust seiner Geliebten. Und im nächsten Jahr, da war im Frühling ein Busch aus dem Teich gewachsen, der hatte die Form von zwei Enten gehabt, die sich küssten, und alle Enten aus dem Lande waren zu dem Teich gekommen und quakend immer im Kreis drum rumgeschwommen.

So war das gewesen, sagte Papi und trank einen Schluck von seinem Kakao.

Quak, quak, sagte Dirk. Er wackelte dabei mit den Armen, als wollte er fliegen. Seine Tasse kippte um und der Kakao schwappte über die Decke, unter der wir lagen.

Ach, Männer, sagte Mami. Sie verdrehte die Augen, legte eine Hand auf ihren dicken Bauch und lachte.

Zwei Tage später durften Dirk und ich wieder Schlitten fahren.

SCHÖNE BESCHERUNG

Es war die Woche vor Weihnachten, da hatten Dirk und ich eine tolle Idee.

Ganz in der Nähe von unserem Haus gab es ein Altersheim, da gingen wir immer dran vorbei, wenn wir von der Schule kamen. Es lag am Stadtrand und war ganz schön groß, mit vielen Fenstern und hohen Bäumen davor. Und neben dem Altersheim stand noch ein Hochhaus, da wohnten die Pinguine drin.

Eigentlich hießen sie Diakonissen, aber wir nannten sie Pinguine, weil sie so schwarze Kleider anhatten und eine weiße Haube auf dem Kopf. Wenn es regnete, zogen sie über die Hauben auch noch durchsichtige Plastiktüten drüber und dann sahen sie erst so richtig witzig aus.

Die Pinguine passten auf, dass die alten Leute nicht abhauten aus dem Heim, und ich konnte sie nicht leiden. Immer, wenn man sie auf dem Heimweg traf, erzählten sie vom Jesuskind und dabei guckten sie ganz heilig.

Ich fand das Jesuskind okay, aber die Pinguine wollten immer, dass man auch so wurde, genauso lieb und alles. Deshalb gaben sie einem kleine Heftchen mit, wo doofe Bilder drin waren und Sprüche, dass man seine Feinde lieben soll und dass man ganz toll ist, wenn man was verschenkt an andere, die nichts haben. Zum Beispiel also, dass ich meine elektrische

Eisenbahn irgendeinem Blödmann schenkte, der mich womöglich verkloppen wollte, weil er selber keine hatte. Ganz schön bescheuert!

Auf jeden Fall, dieses Altersheim, da waren die ganzen Omas und Opas drin. Und Dirk und ich hatten überlegt, weil bald Weihnachten war, wollten wir sie besuchen und ihnen kleine Geschenke machen und Lieder vorsingen. Wir wollten einen Nachmittag basteln und am anderen dann mit den Geschenken zum Altersheim gehen.

Mami fand die Idee klasse und hatte versprochen, dass sie uns Plätzchen backen würde für den Bastelnachmittag.

Es wäre klasse gewesen, wenn mein alter Blutsbruder Richard mitgemacht hätte, aber der war mit seinen Eltern im Skiurlaub. Also hatte ich Susanne gefragt, die meine beste Freundin war, ob sie mitmachen wollte.

Susanne hatte gesagt, na gut, aber nur wenn ihre Freundin Christiane ebenfalls mitmachen dürfte.

Christiane ging auch in unsere Klasse.

Und ich hatte gesagt, na ja, wenn's unbedingt sein muss, könnte sie mitkommen. Aber in Wirklichkeit war ich total aufgeregt, weil ich in Christiane verknallt war und sie später heiraten wollte.

Das wusste aber nur Dirk und er hatte geschworen es niemandem zu erzählen.

Susanne und Christiane kamen an dem verabredeten Nachmittag um drei Uhr.

Christiane sah klasse aus. Sie hatte ganz lange schwarze Haare, die waren immer entweder ein Zopf oder ein Pferdeschwanz. Heute trug sie den Pferdeschwanz.

Susanne hatte kurze braune Haare und eine Zahnspange und eine dicke Brille.

Wir fingen gleich an mit der Arbeit, weil wir nicht genau wussten, wie viele Leute in dem Altersheim wohnten, und deswegen ziemlich viele Geschenke basteln wollten.

Mami hatte wirklich ein riesiges Tablett voll mit Keksen gebacken, das stellte sie uns auf den Tisch. Sie steckte die Kerzen vom Adventskranz an und es war total gemütlich.

Wir klebten lauter Sterne aus buntem Papier zusammen, außerdem noch goldene und silberne aus Folie. Kleine Ketten machten wir auch, aus Bindfäden und glitzernden Perlen, und dann noch Sterne aus Strohhalmen.

Mami sagte, wir könnten ja schon mal die Weihnachtslieder üben, während wir bastelten.

Dirk wollte angeben und sang gleich los, *Lasst uns froh und munter sein,* aber weil er dabei gerade ein großes Stück Keks im Mund hatte, verschluckte er sich. Er kriegte einen ganz roten Kopf und machte komische Geräusche. Mami sah jetzt gar nicht mehr froh und munter aus. Sie schlug Dirk fest auf den Rücken und packte ihm mit den Fingern in seinen Mund. Kann sein, dass Dirk gedacht hat, sie hätte noch einen Keks reingesteckt. Jedenfalls biss er zu.

Mami schrie, aber sie ließ nicht locker und plötzlich war das Stück Keks wieder draußen, mit ganz viel Spucke dabei.

Erst waren wir alle ganz erschrocken gewesen. Aber dann mussten wir lachen und Dirk lachte mit. Er verdrehte die Augen und gurgelte dabei rum, als hätte er immer noch Keks im Hals stecken.

Wir sangen dann noch andere Weihnachtslieder und Susanne hörte sich witzig an, wegen der Zahnspange. Zwischendurch stopften wir die Plätzchen in uns rein. Wir bastelten, bis es draußen dunkel war, und schließlich hatten wir einen ganzen Karton voll mit Geschenken.

Ich sagte, ich würde mich als Nikolaus verkleiden, dann könnten wir die Geschenke richtig in einen Sack packen.

Susanne sagte, das wäre eine gute Idee, sie wäre dann das Christkind.

Und schon gab es Streit.

Dirk wollte nämlich auch Christkind sein, aber Susanne sagte, du spinnst, das Christkind ist ein Mädchen mit langen blonden Locken.

Dirk sagte, erstens hätte Susanne keine blonden Locken und zweitens hätte das Christkind einen Pimmel, also wäre es ein Junge.

Aber Christiane meinte, das Christkind wäre doch ein Mädchen, allerdings hätte es lange schwarze Haare und keine Zahnspange und es wäre auch keine blöde Brillenkuh und deswegen müsste sie es sein.

Dirk sagte, Quatsch, das Christkind hätte keine blonden Haare und auch keine schwarzen, sondern eine Glatze, und außerdem hätte es hundertprozentig doch einen Pimmel. Aber da hatte Susanne Christiane schon eine gescheuert, weil sie blöde Brillenkuh gesagt hatte.

Christiane nahm einen von den Keksen und schmiss ihn Susanne an den Kopf und Susanne haute ihr eine von den Perlenketten um die Ohren. Wäre Mami nicht dazwischengegangen, hätten die beiden womöglich alle Geschenke kaputt gemacht.

Mami sagte, das wäre doch alles kein Problem, dann gäbe es eben *zwei* Christkinder und *zwei* Nikoläuse und der zweite Nikolaus wäre Dirk.

Dirk sagte, na gut, aber das Christkind hätte doch einen Pimmel und dass er sich nur als Nikolaus verkleiden würde, weil er keine Lust hätte, sich eine Glatze zu schneiden.

Susanne und Christiane motzten noch eine Weile, aber als Mami sie später nach Hause brachte, hatten sie sich wieder vertragen.

Am nächsten Tag waren Dirk und ich total aufgeregt.

Wir sahen super aus als Nikoläuse. Mami hatte uns die roten Bademäntel von sich und Papi gegeben, die zogen wir über unsere richtigen Anziehsachen. Sie waren ein bisschen zu lang und schleiften auf dem Boden; sie hatten auch keine Kapuzen, deswegen zogen wir unsere Pudelmützen auf. Die waren zwar leider nicht rot, sondern blau mit Grün drin, aber besser als nichts. Dafür hatten wir uns aber Bärte aus Watte angeklebt und Mami hatte uns mit Lippenstift die Backen rot angemalt, was toll aussah. Die Geschenke waren in einen richtigen Kartoffelsack verpackt, ganz vorsichtig, damit sie nicht zerquetschten.

Dann kamen Christiane und Susanne.

Christianes Mutter hatte ihr aus einem alten Bettlaken ein richtiges weißes Kleid genäht und sie hatte ganz viele Locken in ihrem schwarzen Haar und eine goldene Krone mit jeder Menge Zacken drauf. Es war absolut klasse und ich war noch viel verliebter in sie als vorher.

Susanne sah nicht so richtig aus wie ein Christkind. Sie trug eine blonde Faschingsperücke mit langen Locken dran, die ihr über die Brille hingen. Als Kleid hatte sie auch ein Bettlaken, aber das war nicht genäht, sondern nur umgehängt. Und der Knüller war, dass sie dort, wo das Laken auf ihrem Rücken hing, zwei Flügel aus Pappe festgemacht hatte. Außerdem hatte sie rote Gummistiefel an und eigentlich tat es mir richtig leid, dass sie so doof aussah.

Aber Susanne fand es prima und Mami sagte, wir wären die besten Nikoläuse und Christkinder, die sie je gesehen hätte.

Dann ging es endlich los.

Anstatt die Straße zu benutzen, nahmen wir eine Abkürzung durch den Wald. Das dauerte zwar nur zehn Minuten, aber dafür mussten wir durch den hohen Schnee stapfen. Ich trug den Sack mit den Geschenken auf dem Rücken.

Der Wald sah schön aus, alle Bäume waren weiß. Ab und zu fielen kleine Schneeklumpen aus ihren Zweigen. Wir waren schon fast am Altersheim angekommen, da fiel Dirk ein, dass ein Nikolaus auch eine Rute braucht.

Susanne sagte, wir könnten ja einfach Zweige von einem

Baum abmachen. Sie stellte sich unter eine große Tanne und sagte, von dem da.

Dirk und ich stellten uns neben Susanne und Dirk zog an einem kleinen Ast. Schneeflöckchen rieselten runter, aber der Ast ging nicht ab. Dirk zog an einem größeren Ast. Da fielen auch Schneeflöckchen runter und dann krachte der Ast ab und eine riesige Ladung Schnee prasselte von der Tanne.

Susanne kriegte am meisten ab. Sie hatte einen richtigen Schneehaufen auf ihrer Perücke, ihr Laken war verrutscht und ein Flügel baumelte runter. Wir versuchten ihn wieder festzumachen, aber er wollte einfach nicht halten.

Susanne fand es auch nicht so schlimm und lachte, aber Christiane sagte, sie sähe aus wie eine lahme Ente. Das fand ich doof von Christiane, vor allem weil sie gar nichts abgekriegt hatte von dem Schnee und Susanne so viel, da musste sie ja nicht noch blöde Witze machen.

Dirk und mich hatte es nur leicht erwischt, wir konnten den Schnee ganz locker von uns runterschütteln.

Und immerhin hatten wir jetzt den großen Ast. Wir rissen zwei Zweige ab, das waren die Nikolausruten und sie waren prima.

Und dann gingen wir zum Altersheim.

Die wollten uns da erst nicht reinlassen!

Wir hatten geklingelt und die Pinguine machten nicht auf, obwohl wir schon fünf Minuten gesungen hatten, *öffnet uns die Türen, lasst uns nicht erfrieren.* Nix zu machen.

Ich dachte, typisch, blöde Heftchen verschenken und vom Jesuskind erzählen, aber kleine Kinder vor der Türe erfrieren lassen, als es auf einmal in der Sprechanlage knackte und eine Stimme fragte, was wir wollten.

Ich sagte, schönen guten Tag, hier ist der Nikolaus und zwei Christkinder und noch ein Nikolaus, wir haben Geschenke für die alten Leute.

Eine Weile passierte gar nichts. Dann ging endlich die Tür auf.

Eine von den Pinguinen guckte raus und sagte, na so was, ihr Kinder, dann kommt mal rein.

Irgendwie hatte ich auf einmal keine Lust mehr, aber jetzt war es zu spät. Wir gingen rein in eine Halle und da standen noch mehr Pinguine rum und ein großer Weihnachtsbaum.

Alle grinsten uns an und sagten, na so was, ihr Kinder, was wollt ihr denn hier? Dann guckten sie alle Christiane an und riefen, na so was, nein, wie niedlich, ein richtiges Engelchen, und Christiane machte einen Knicks und lächelte und schüttelte ihre schwarzen Locken.

Das fanden sie toll, die Pinguine. Aber dann fragten sie noch mal, was wir denn wollten, und da wurde Dirk richtig sauer. Er schnauzte sie an, ob sie nicht sehen könnten, wen sie vor sich hätten, und sie sollten uns jetzt gefälligst sofort zu den alten Omas und Opas bringen, sonst gäb's was mit der Rute auf den Hintern.

Ich dachte, o Mann, jetzt schmeißen sie uns raus. Aber die Pinguine riefen schon wieder, nein, wie niedlich! Das ging mir total auf die Nerven und am liebsten hätte ich sie wirklich mit der Rute verkloppt, weil sie so taten, als wären wir kleine Babys und nicht ganz richtig im Kopf.

Eine war dann aber ganz nett. Die sagte, also, ich bin die Schwester Erika, dann will ich euch mal unseren Alten zeigen, die werden sich bestimmt freuen.

Wir marschierten eine Treppe rauf und Gott sei Dank blieben die anderen Pinguine alle unten in der Halle stehen. Eine kam mit einem Putzlumpen um die Ecke, weil der Fußboden klatschnass war, wo Dirk und ich unsere Bademäntel drübergeschleift hatten.

Oben ging es durch einen langen Flur, wo es roch wie in einer Apotheke oder beim Zahnarzt.

Schwester Erika klopfte kurz an eine Tür, öffnete sie und sagte, so, Frau Sommer, nun gucken Sie mal, wer Sie besuchen kommt, da freuen wir uns aber!

Wir gingen hinterher in das Zimmer und da lag Frau Sommer in ihrem Bett. Sie war ganz alt und hatte kaum noch Haare und sie zitterte ein bisschen und guckte uns an. Das Zimmer war klein und düster. Es war nur noch ein Schrank drin und ein Stuhl und ein Tisch. Auf dem Tisch stand ein Teller mit ein paar Tannenzweigen und einer Kerze drauf, die aber nicht brannte, und darüber hing ein altes Foto an der Wand, mit einer jungen Frau und einem jungen Mann drauf, die sich anlächelten.

Mir war ganz komisch. Aber Susanne ging zu Frau Sommer hin und sagte, wir hätten was für sie. Dann fing sie einfach an zu singen, *O Tannenbaum, o Tannenbaum.*

Wegen ihrer Zahnspange hörte es sich an wie *O Kannengaum, o Kannengaum* und aus ihrer Perücke tropfte es auf den Fußboden und der rechte Pappflügel war halb abgerissen und baumelte runter. Aber Frau Sommer fand es klasse und wir sangen einfach mit.

Ich packte einen von den goldenen Sternen aus, einen Strohstern und eine Perlenkette und legte alles auf ihre Bettdecke. Da nahm Frau Sommer meine Hand in ihre Hand und weinte ein bisschen und sie tat mir ganz leid.

Schwester Erika stand daneben und sah auch traurig aus.

Als wir mit dem Lied fertig waren, sagte sie, so, Frau Sommer, das war aber schön, nicht wahr, und dann mussten wir rausgehen.

Es ging ins nächste Zimmer und ins nächste, den ganzen Flur entlang und im zweiten Stockwerk auch, und überall sah es so ähnlich aus wie bei Frau Sommer.

Nur, manche von den alten Leuten lagen nicht krank im Bett, sondern waren putzmunter. Sie redeten mit uns und sagten, es wäre eine tolle Idee, das mit dem Singen und den Geschenken. Alle freuten sich und manche sangen mit. Ein paar haben auch geweint.

Christiane schüttelte jedes Mal ihre Locken und machte Knickse. Nach ein paar Zimmern sang sie nicht mehr mit, was ich blöd fand.

Das letzte Zimmer gehörte einem Ehepaar.

Die waren früher beide Lehrer gewesen, sagte Schwester Erika. Der Mann guckte ganz streng und stand kerzengerade, während wir ein Lied sangen. Seine Frau stand neben ihm, aber nicht ganz so gerade.

Als wir mit dem Singen fertig waren, sagte der Mann, recht so, recht so! Er klopfte Dirk und mir auf die Schultern und lächelte.

Christiane machte wieder einen Knicks, da klopfte er ihr und Susanne auch auf die Schultern. Susanne fiel der rechte Flügel runter. Die Frau wollte ihn ihr wieder dranmachen, aber natürlich hielt er nicht. Also sagte Susanne, sie könnte ihn behalten, als Andenken.

Sie grinste die Frau durch ihre dicke Brille an, ihre Zahnspange glitzerte und da bückte sich die Frau und streichelte Susanne auf der Perücke und gab ihr einen Kuss auf die Backe. Christiane guckte ganz neidisch.

Schwester Erika brachte uns zurück in die Halle. Es war schon dunkel draußen und mir tat der Hals weh vom vielen Singen. Wir hatten noch ein paar Geschenke übrig, die verteilten wir an die Pinguine, die wieder in der Halle herumstanden und uns anglotzten.

Schwester Erika sagte, sie hätte da noch was für uns, weil wir so liebe Kinder wären. Dann öffnete sie einen Schrank, der war voll mit Schokolade, von oben bis unten, und drückte jedem von uns eine Tafel in die Hand. Ich fand das sehr nett, ich liebe nämlich Schokolade und jetzt konnte ich Schwester Erika richtig gut leiden.

Christiane machte schon wieder einen Knicks, lächelte ganz lieb und schüttelte ihre Locken mit der Goldkrone obendrauf.

Und dann sagte sie zu Susanne, sie sollte ihr gefälligst ihre Tafel Schokolade auch noch geben, weil sie das schönere Christkind von beiden wäre. Sie war wohl immer noch sauer, weil Susanne einen Kuss gekriegt hatte und sie nicht, obwohl sie dauernd geknickst hatte.

Aber Susanne gab ihr die Schokolade nicht und da wurde Christiane auf einmal richtig böse und zog ihr das Bettlaken runter. Susanne wollte es festhalten, aber sie erwischte nur noch den linken Pappflügel und riss ihn ab.

Christiane rief, so, du doofe Kuh, das haste jetzt davon! Sie schmiss das Laken auf den Boden und sprang und trampelte drauf rum.

Susanne schrie durch ihre Zahnspange, chelba goofe Guh, und haute Christiane ihre Tafel Schokolade auf den Kopf und zerballerte ihre goldene Krone. Im nächsten Moment fingen die beiden an sich zu kloppen und wälzten sich vor dem Schokoladenschrank rum.

Die Pinguine waren völlig aufgeregt und riefen, aber Kinder, wer wird sich denn schlagen, so was tut doch das Christkind nicht!

Christiane schrie, so was tut das Christkind doch, und schlug Susanne auf die Nase.

Susanne fing an zu heulen.

Dirk sagte, ey, du spinnst wohl, und gab Christiane einen heftigen Schubs. Und schon fing Christiane auch an zu heulen, sie wäre das schönste Christkind von der Welt und nicht Susanne.

Stimmt nicht, rief Dirk, weil sie nämlich keine Glatze hätte und auch keinen Pimmel, und die Pinguine kreischten, ach du lieber Gott!

Zack, ging Christiane auf Dirk los. Sie schmiss sich auf ihn und zog ihm die Pudelmütze über die Augen und dann haute sie ihm auf die Nase, wie vorher bei Susanne.

Die Pinguine kreischten herum und drängelten sich auf einem Haufen zusammen, anstatt dazwischenzugehen.

Dirk rief unter der Pudelmütze, ich sollte ihm gefälligst helfen, aber lieber würde ich ja meinen Bruder schlagen lassen von dem doofen Weib, weil ich in sie verliebt wäre.

Das war vielleicht peinlich!

Aber da hatte endlich Schwester Erika Christiane gepackt und sagte laut, jetzt ist aber Schluss, Fräulein!

Christiane schnauzte sie an, sie sollte ihre Pinguinfinger von ihr lassen, und gab ihr einen Schubs. Schwester Erika knallte in den Weihnachtsbaum.

Der Baum wackelte, aber er fiel nicht um. Schwester Erika schnappte nach Luft. Und dann ging sie zu Christiane und haute ihr eine runter.

Alles war plötzlich still, keiner sagte einen Pieps.

Schwester Erika fragte Christiane nach ihrem Namen, ging zum Telefon und rief ihre Mutter an, sie sollte sie abholen.

Mami hat später mit Christianes Mutter ganz lang telefoniert.

Dirk und Susanne und ich, wir saßen in der Zeit in der Küche und versuchten zu lauschen, aber es ging nicht.

Ich dachte nach über Christiane und dass ich jetzt nicht mehr in sie verliebt war. Ich dachte auch an die Omas und Opas im Altersheim und wie manchmal alles doof ist auf der Welt.

Weil, da wohnten sie in diesem hässlichen Altersheim, mit rundrum Pinguinen, die alle so taten, als wären die alten Leute kleine Babys. Dabei hatten ganz viele von ihnen Kinder, die sich nicht um sie kümmerten, das hatten sie uns erzählt. Ich dachte, wenn Papi und Mami mal so alt sind, lasse ich sie nicht in ein Altersheim ziehen, sondern sie können bei mir wohnen oder bei Dirk.

Kurz darauf kam Mami in die Küche. Sie sagte, Christiane wäre deswegen so komisch gewesen, weil sie zu Hause Probleme hätte, ihre Eltern wollten sich nämlich scheiden lassen.

Dirk meinte, das wäre egal, da könnte sie trotzdem nicht einfach anfangen zu spinnen und ihre Freunde verkloppen. Mami sagte, das hätte Christiane vielleicht nur gemacht, weil sie am liebsten ihre Eltern verkloppt hätte, aber das ging ja nicht.

Das verstand ich gut. Ich hatte mich nämlich auch mal mit Dirk geprügelt, als Papi mich angeschnauzt hatte, weil ich die Hausaufgaben nicht gemacht hatte, und da konnte Dirk ja auch nichts für.

Auf jeden Fall tat Christiane uns jetzt allen leid. Susanne sagte, na ja, vielleicht könnten sie trotzdem noch Freundinnen sein.

Und ich fand Susanne total klasse mit ihrer dicken Brille und ihrer Zahnspange und wir haben eine Kerze ans Fenster gestellt und rausgeguckt, wie der Schnee fiel, diese unzähligen

Flocken. Dann haben wir die Schokolade gegessen und die restlichen Plätzchen und wir haben Weihnachtslieder gesungen, *O Kannengaum, o Kannengaum.*

DAS SPAGHETTIMONSTER

Wenn man Geburtstag hat, ist es fast so ein Gefühl wie Weihnachten, nur besser. Weihnachten ist nämlich für alle, aber Geburtstag hat man ganz alleine und man muss nicht wochenlang vorher jeden Sonntag Adventslieder singen. Ich habe am vierzehnten Januar Geburtstag, das ist genau drei Wochen nach Heiligabend, und es ist klasse, so schnell hintereinander was geschenkt zu kriegen.

In der Nacht vor meinem achten Geburtstag war ich so aufgeregt, dass ich gar nicht richtig schlafen konnte. Deshalb lag ich schon längst wach im Bett, als Mami und Papi morgens in unser Zimmer schlichen. Irgendetwas klapperte und raschelte und wurde neben mein Bett gestellt, aber ich tat so, als würde ich noch schlafen, obwohl ich fast platzte vor Spannung. Mami weckte Dirk auf. Der motzte rum, dass er weiterschlafen wollte. Ich dachte, meine Güte, steh schon endlich auf, du fauler Sack! Am liebsten hätte ich gebrüllt, dass er sich gefälligst beeilen soll.

Als endlich alle um mein Bett standen, um mich zu wecken, da hatte ich mir schon längst überlegt, wie ich so tun würde, als wachte ich gerade erst auf. Ich hatte mal im Fernsehen in der Werbung für Kaffee gesehen, wie man das macht: Erst wälzt man sich kurz hin und her und man muss dabei lächeln und schnuppern, weil es nach Kaffee duftet. Dann schmeißt man die Arme hoch und räkelt und streckt sich wie eine Katze und lächelt immer noch. Man macht die Augen auf und jemand steht neben dem Bett mit Kaffee und einer Blumenvase, der sagt: Guten Morgen, mein Liebling. Und man selber antwortet: Was für ein guter Morgen mit diesem schönen, aromatischen, kräftigen Kaffee, wie froh bin ich doch, dass es ihn jetzt im Sonderangebot gibt. Dann geben sich die Lieblinge einen Kuss und gehen schwimmen oder joggen und in der ganzen Zeit steht der Kaffee zu Hause auf dem Frühstückstisch rum und dampft.

Also alles ganz einfach.

Als Mami sich über mich beugte mit ihrem dicken Schwangerbauch und ganz leise sagte, Andy, mein Schatz, aufstehen, fing ich sofort an zu lächeln, aber natürlich nur ein bisschen, und wälzte mich hin und her. Dann schnupperte ich, aber es roch nicht nach Kaffee, sondern so ähnlich wie in einem Hühnerstall, was ich ziemlich seltsam fand, aber ich lächelte weiter und schmiss die Arme hoch.

Mein Bett stand fast zur Hälfte unter dem Fensterbrett, deswegen knallte ich mit dem rechten Arm in den Blumentopf mit dem Efeu, der daraufstand. Er fiel von der Fensterbank, plumpste auf irgendwas Metallisches drauf und zerkrachte am Boden und es war ganz schön schwer, immer weiterzulächeln, als hätte ich nichts gemerkt.

Ich machte langsam die Augen auf und sah Mami direkt über mir stehen, nur sah sie überhaupt nicht so aus wie der Liebling aus der Kaffeewerbung und auch nicht so, als würde sie jetzt gerne mit mir schwimmen oder joggen. Sie guckte mich an und sagte, herzlichen Glückwunsch, soeben hätte ich ihren preisgekrönten Super-Efeu demoliert, und Dirk krähte hinter ihrem Rücken, genau, und dass der Blumentopf fast mein Geburtstagsgeschenk zu Matsch gemacht hätte!

Aber dann riefen alle, herzlichen Glückwunsch zum Geburtstag, und Mami und Papi gaben mir einen Kuss und sie drückten mich und Dirk sprang im Zimmer rum und rief, jetzt guck mal, guck doch mal, dein Geschenk!

Neben dem Bett, auf dem Boden, stand ein großer Käfig. Ein paar Zweige von Mamis Super-Efeu hingen drüber und es war etwas Erde aus dem Blumentopf reingefallen. Der Käfig war voller Heu und durch das Heu rannte aufgeregt ein Meerschweinchen hin und her.

Papi lachte und sagte, das arme Vieh, es hätte sich total erschreckt wegen des Blumentopfs, das wird noch einen Herzinfarkt kriegen, wenn es weiter so rumtobt.

Mami fragte, ob ich schon einen Namen für es wüsste. Ich überlegte einen Moment und sagte dann, weil es so rumtobt, nenne ich es Tobi.

Ich machte den Käfig auf und nahm Tobi rauf zu mir in mein Bett. Er war ziemlich klein. Sein Fell war braun mit Weiß und ganz puschelig und er hatte braune Augen.

Tobi schnupperte an mir herum und machte witzige Geräusche. Ich hielt ihn zwischen meinen Händen fest und konnte spüren, wie sein kleines Herzchen ganz, ganz schnell schlug, weil er so aufgeregt war. Seine Schnurrbarthaare kitzelten mich auf der Haut und ich fand Tobi total klasse und sagte, er wäre das tollste Geburtstagsgeschenk.

Nachmittags deckten Dirk und ich in der Küche den Tisch für die Kinder, die ich eingeladen hatte, während Mami im Wohnzimmer den Tisch für die Onkels und Tanten deckte, die ich *nicht* eingeladen hatte, die aber trotzdem zu jedem Geburtstag angelatscht kommen. Verwandte schenken einem zum Geburtstag immer nur blöde und zu große Unterwäsche und essen den Kindern den Kuchen weg. Wenigstens waren alle meine Cousins und Cousinen schon erwachsen und blieben zu Hause. Oma wäre normalerweise auch gekommen, aber sie war zur Kur, weil sie mal wieder abnehmen musste. Sie hatte mir aber eine Geburtstagskarte geschickt mit einem rosa Nilpferd drauf, das einen Blumenstrauß in der Hand hielt und grinste.

Jedenfalls, um halb vier ging es endlich los.

Ich hatte Susanne eingeladen und Christiane, die jetzt wieder die besten Freundinnen waren, außerdem kamen noch Stefan und Bernd, die waren Zwillinge und beide aus einem Ei geschlüpft oder so ähnlich. Sie brachten den dicken Uli mit, der in der Schule neben mir saß.

Natürlich erwartete ich auch Richard, aber der kam und kam nicht und ich war schon ganz genervt.

Es gab prima Geschenke, Bücher und ein großes Puzzle und ein riesiges Modellbauschiff. Susanne hatte mir ein Bild gemalt, wie wir im Altersheim mit den Pinguinen vor dem Weihnachtsbaum stehen, das sah klasse aus.

Ich holte Tobi aus seinem Käfig und jeder durfte ihn mal halten und streicheln.

Stefan meinte, Meerschweinchen sind bestimmt die besten Schwimmer, das hört man ja schon am Namen, und Bernd sagte, stimmt, wir können ja die Badewanne mit Wasser füllen und Tobi in einer Salatschüssel durchschwimmen lassen, als Robinson Crusoe.

Ich fand den Vorschlag nicht so gut, weil die Ideen von den Zwillingen meistens schiefgingen. Ihr Goldhamster hatte sich mal ein Bein gebrochen, weil sich sein Fallschirm nicht öffnete, als sie ihn vom Balkon warfen.

Uli sagte, es wäre ihm egal, ob Tobi schwimmen könnte oder nicht, er wüsste lieber, ob man Meerschweinchen essen kann und wann es endlich Kuchen gäbe.

Eigentlich wollte ich noch warten mit dem Kuchenessen, bis Richard kam, aber ich hatte Angst, dass Uli vor lauter Hunger womöglich wirklich in Tobi reinbiss. Er hatte mal ein Glas mit Kaulquappen ausgetrunken und ich dachte, wer Kaulquappen trinkt, frisst vielleicht auch kleine Meerschweinchen. Also fingen wir ohne Richard an.

Wir spielten gerade Stopp-Essen, da kamen die Verwandten mit der Unterwäsche. Die Onkels stürmten gleich mit Papi ins Wohnzimmer an die Hausbar, aber die Tanten kamen alle in die Küche. Tante Marianne, die eine Schwester von Mami war und keine eigenen Kinder hatte, riss mich von meinem Stuhl runter und quetschte mich an ihren dicken Busen, obwohl ich den Mund voll hatte mit Buttercremetorte.

Sie kreischte, nein, wie ist es gewachsen, unser Andreasleinchen, und fast hätte ich gekotzt, so fest drückte sie mich.

Uli spuckte vor lauter Lachen ein Stück Marmorkuchen über den Tisch. Er schrie, nein, wie niedlich ist es doch, unser Andreasleinchen, und alle lachten sich halb tot, außer Christiane, der das vermatschte Stück Marmorkuchen an die linke Backe geflogen war.

Aus Rache schoss sie mit ihrer Kuchengabel ein Stück Biskuitrolle auf Uli, doch das flog an ihm vorbei und landete auf Tante Gertrud, der anderen Schwester von Mami.

Tante Gertrud war unglaublich klein und dick, wie ein Wasserball. Sie war mal wieder von oben bis unten mit Schmuck zugehängt und sah aus wie unser Weihnachtsbaum, der immer noch im Wohnzimmer stand, nur dass keine Kerzen an ihr dran waren. Sie trug ein Kleid, das war überall rosa, außer an der Stelle, wo die Biskuitrolle gelandet war, und deswegen war sie sauer und wollte anfangen zu motzen.

Mami sagte, Gertrud, reg dich um Gottes willen nicht auf, denk an deine Galle.

Tante Gertrud vergaß die Biskuitrolle und fing sofort an von ihrer doofen Galle zu erzählen, das ist so ein Organ, das macht irgendwas mit dem Fett im Körper, außer bei Tante Gertrud. Sie ging mit Mami ins Wohnzimmer, gefolgt von Tante Marianne und Tante Erika, der Frau von Onkel Alfred. Tante Erika war klasse. Sie war die Einzige, die mir keine Unterwäsche geschenkt hatte, sondern ein Buch, und zwar über Meerschweinchen.

Nach dem Kuchenessen spielten wir Blindekuh und Topfschlagen. Draußen war es schon dunkel, aber Richard war immer noch nicht da. Ich ärgerte mich, weil ich dachte, er hätte meinen Geburtstag einfach vergessen. Als wir fertig waren mit Topfschlagen, hatte Uli ein knallrotes Ohr, wo Susanne ihm den Holzlöffel draufgekloppt hatte. Ich glaube, sie hat es mit Absicht getan, weil Uli beim Blindekuh-Spielen gesagt hatte, Susanne mit ihrer dicken Brille wäre bestimmt die blindeste Kuh von allen, der müssten wir gar kein Tuch um die Augen binden.

Auf jeden Fall, Uli hielt sich gerade sein rotes Ohr und heulte und Susanne sagte, gar kein schlechter Treffer für eine blinde Kuh, als Papi ins Kinderzimmer kam und rief, so ihr Knirpse, rein in die Klamotten, wir gehen Schlitten fahren!

Es hatten zwar alle ihre Schlitten mitgebracht, aber wir hatten nicht mehr daran gedacht und jetzt war es draußen dunkel. Ich dachte, Papi spinnt, der will uns alle im Dunkeln in den Schwarzenbach fahren lassen, damit wir ertrinken und er endlich seine Ruhe hat im Haus und sich mit der Verwandtschaft vollsaufen kann.

Aber Papi meinte es ganz ernst. Also zogen wir alle unsere dicken Sachen an, gingen raus ins Dunkle und zogen durch den Schnee unsere Schlitten hinter uns her.

Und dann gab es echt die tollste Überraschung!

Auf unserer Schlittenwiese, da war nämlich Richard. Er hatte den ganzen Hügel runter in zwei Reihen über vierzig Fackeln in den Schnee gesteckt, die brannten, und der Schnee glühte wie nach einem Vulkanausbruch.

Richard schrie, herzlichen Glückwunsch, Blutsbruder! Und dann steckte er eine Silvesterrakete an, die er extra für meinen Geburtstag aufgehoben hatte. Die Rakete zischte hoch nach oben in den Himmel und dort zerplatzte sie. Es sah aus, als ob hunderttausend Sterne aus der Dunkelheit auf die Erde stürzen, und ich hätte fast geheult, so schön war es.

Es waren die besten Schlittenfahrten in meinem Leben. Wenn man an einer von den Fackeln vorbeirauschte, funkelte der Schnee, als hätte man rote Edelsteine drübergekippt, und im Licht von den flackernden Flammen sah es aus, als würde der Hügel sich bewegen, wie Wellen im Meer.

Nach einer Stunde sagte Papi, wir müssten heimgehen zum Abendessen, die Fackeln wären sowieso bald abgebrannt.

Aber jeder durfte sich eine aus dem Schnee ziehen und mitnehmen und auf dem Nachhauseweg sangen wir alle *Ich gehe mit meiner Laterne und meine Laterne mit mir* und ich dachte, Richard ist der beste Freund von der Welt.

Zum Abendessen hatte Mami uns Spaghetti mit Soße gemacht, die wir ohne Gabeln essen durften, nur mit den Händen, aus dem großen Topf raus, wo Mami sonst Marmelade drin einkochte. Der Tisch, die Stühle und die Eckbank waren mit Plastikfolie abgedeckt und es war eine totale Schweinerei und absolut klasse, weil die Soße in alle Richtungen spritzte und einem die Spaghetti um die Ohren knallten, wenn man sie einsog und dabei ein bisschen mit dem Kopf wackelte.

Christiane hängte sich ganz viele Spaghetti über den Kopf,

mitten in ihre langen Haare rein, und sie sagte, sie wäre jetzt die kleine Meerjungfrau.

Mami lachte sich schlapp, besonders über Uli, weil der versucht hatte mit dem Kopf in die Spaghetti zu tauchen und sich dabei Gesicht und Haare mit Soße vollgeschmiert hatte. Sie sagte, wir würden aussehen wie Monster aus einem Gruselfilm, und da kam Richard die Idee, wir könnten ja ein Gruselspiel spielen nach dem Essen.

Es war eine klasse Idee und wir stopften die Spaghetti in uns rein, so schnell es ging, damit wir gleich mit dem Spiel anfangen konnten. Alle sollten sich im Kinderzimmer verstecken. Einer war das Spaghettimonster, der musste die anderen suchen, und dabei war das Licht aus, damit man nichts sehen konnte und Angst kriegte vor dem Ungeheuer.

Weil ich das Geburtstagskind war, durfte ich als Erster das Monster sein. Alle gingen ins Kinderzimmer und ich wartete im Flur, wo ich langsam bis hundert zählte. Ich hörte, wie die Erwachsenen im Wohnzimmer lachten und blöde Lieder sangen, und ich überlegte, warum die immer trinken müssen, die Großen, um Spaß zu haben.

Dann war ich fertig mit Zählen.

Ich machte das Licht im Flur aus, schlüpfte ins Kinderzimmer und drückte die Tür hinter mir zu. Damit keiner entkommen konnte, drehte ich den Schlüssel rum und zog ihn ab. Es war stockdunkel. Ich blieb einen Moment stehen und lauschte, ob man jemanden atmen hören konnte. Da war auch was ... aber in der Dunkelheit war ganz schwer zu merken, wo es herkam.

Ich machte zwei Schritte nach vorne und rief, jetzt kommt das Spaghettimonster, ich werde euch alle mit dem Nudelholz platt walzen und zu Fleischsoße verarbeiten! Dabei machte ich ganz unheimliche Töne und knirschte mit den Zähnen.

Ich ging noch einen Schritt nach vorne und da hörte ich ein komisches Geräusch, wie wenn jemand leise wimmerte, direkt vor mir. Es war richtig unheimlich und ich kriegte eine Gänsehaut. Hey, sagte ich, macht bloß keinen Quatsch, ich bin nämlich das Spaghettimonster, ich hab keine Angst!

Eine Sekunde lang war absolute Stille. In der nächsten Sekunde knallte mir plötzlich was ins Gesicht. Vor Schreck fiel mir der Türschlüssel runter.

Was mir beinahe die Nase eingeschlagen hätte, war die Tür von unserem Kleiderschrank. Da hatte Susanne dringesessen und geheult vor Angst und jetzt kam sie rausgeschossen und riss dabei die halbe Ladung Wäsche mit sich.

Sie fuchtelte im Dunkeln rum und auf einmal schrie sie, das Spaghettimonster wäre da und dass sie in was Kaltes, Glitschiges gepackt hätte!

Quatsch, rief Christiane, das sind meine Meerjungfrauenhaare, also hör gefälligst auf, mir im Gesicht rumzukloppen, sonst kriegst du eine gescheuert!

Aber Susanne hörte gar nicht zu, sie kreischte immer weiter und Christiane – klebte ihr eine. Es war ein Volltreffer, weil Susanne jetzt schrie, meine Brille, wo ist meine Brille, ich kann nichts mehr sehen! Dabei tapste sie im Dunkeln hin und her und knallte gegen die Möbel und die Wände.

Von hinten aus dem Zimmer rief Dirk, schön doof, es könnte sowieso keiner was sehen und jemand sollte gefälligst das Licht anmachen, bevor die blinde Kuh sich noch den Kopf einrannte.

Stefans Stimme rief von irgendwo oben, das ginge nicht mit dem Lichtanmachen, er hätte nämlich die Birne aus der Lampe gedreht, haha, und dann rief Bernd, auch von oben, hey, pass doch auf, wo du rumfuchtelst, du Idiot!

Stefan sagte, selber Idiot, und Bernd knallte ihm eine und Stefan fiel vom Kleiderschrank runter, wo die beiden sich drauf versteckt hatten.

Der Kleiderschrank steht neben meinem Bett, deswegen hatte Stefan Glück, weil er direkt in die Bettwäsche fiel. Uli hatte weniger Glück, der lag nämlich unter der Bettwäsche, und am schlimmsten war es für Dirk, der lag nämlich unter dem Bett, und das krachte jetzt unter dem Gewicht von Stefan und Uli zusammen.

Dirk fing an zu schreien, jemand sollte ihn aus den Trümmern befreien und den fetten Uli von ihm runterziehen, und Uli röchelte, er würde keine Luft kriegen.

Und da rief Richard vom Fenster her, die Rettung naht, und es gab ein Geräusch von zerreißendem Stoff und es krachte noch mal.

Richard hatte sich nämlich auf die Fensterbank gestellt, hinter die Gardine, und die heulende Susanne war gerade in dem Moment da angekommen, als er wieder runtersteigen wollte, um Dirk und Uli zu helfen. Susanne war gegen ihn gestoßen, Richard hatte das Gleichgewicht verloren und sich an der Gardine festgehalten. Die Gardine zerriss, Richard stürzte ab und schoss dabei den nagelneuen Blumentopf mit Mamis übrigem Super-Efeu von der Fensterbank.

Der Topf fiel auf den Boden und zerbrach, Richard fiel auf Susanne und alle schrien wild durcheinander.

Bernd heulte auf dem Schrank, dass er nicht wüsste, wie er runterkommen soll, und ich hatte Angst, dass Dirk verletzt war und Uli womöglich gerade erstickte, und heulte auch und Christiane brüllte, die Tür ist zu, die Tür ist zu, wir müssen alle sterben!

Ich kroch auf dem Boden rum und tastete nach dem Türschlüssel, aber ich konnte ihn nicht finden. Stattdessen trat mir Christiane auf die linke Hand und stolperte über mich und dabei klatschte sie mir ihre Spaghettihaare ins Gesicht.

Jetzt ballerten von draußen auch noch Papi und Mami und die Verwandten gegen die Tür.

Mami schrie, o Gott, o Gott, die Kinder, und Tante Marianne kreischte, Hiltrud, denk an das Baby, reg dich bloß nicht auf!

Onkel Alfred grölte, wir müssen die Tür aufbrechen, und Tante Erika schnauzte ihn an, so sturzbesoffen, wie er wäre, könnte er nicht mal eine Erdnuss knacken. Dabei klang sie selber so, als hätte sie die halbe Hausbar alleine weggeputzt.

Dann hörte ich Papi rufen, Platz da und dass wir Kinder hinter der Tür weggehen sollten. Er stieß einen lauten Schrei aus, es gab einen mordsmäßigen Schlag und plötzlich war es ganz hell, weil Papi die Tür eingerannt hatte und damit ins Zimmer fiel, genau auf Susannes Brille.

Später, als alle aufgehört hatten zu heulen und von ihren Eltern abgeholt worden waren und Papi und Mami die besoffene Verwandtschaft in zwei Taxis geschleppt hatte, damit sie heimgebracht werden, lagen Dirk und ich in Dirks Bett, weil meins ja schrottreif war. Mami kam rein, setzte sich zu uns auf das Bett und nahm uns in den Arm.

Sie sagte, wir wären ihre größten Schätze, aber wir müssten ein bisschen mehr aufpassen demnächst, sonst würde das Baby im Armenhaus auf die Welt kommen, bei dem vielen Schaden, den wir anrichten würden.

Dann gab sie jedem von uns einen dicken Kuss und sagte, schlaft jetzt, ihr Engel-Bengel, und ging raus.

Aber Dirk und ich, wir waren noch lange wach, und als ich eingeschlafen war, träumte ich von einem Spaghettimonster, das saß besoffen auf einem Schlitten, mit Tobi auf dem Schoß und einem Blumenstrauß in der Hand. Die beiden rasten zwischen tausend bunten Fackeln eine riesige Buttercremetorte runter und das Monster schrie immer wieder, Andreasleinchen, ich wünsche dir alles Gute zum Geburtstag!

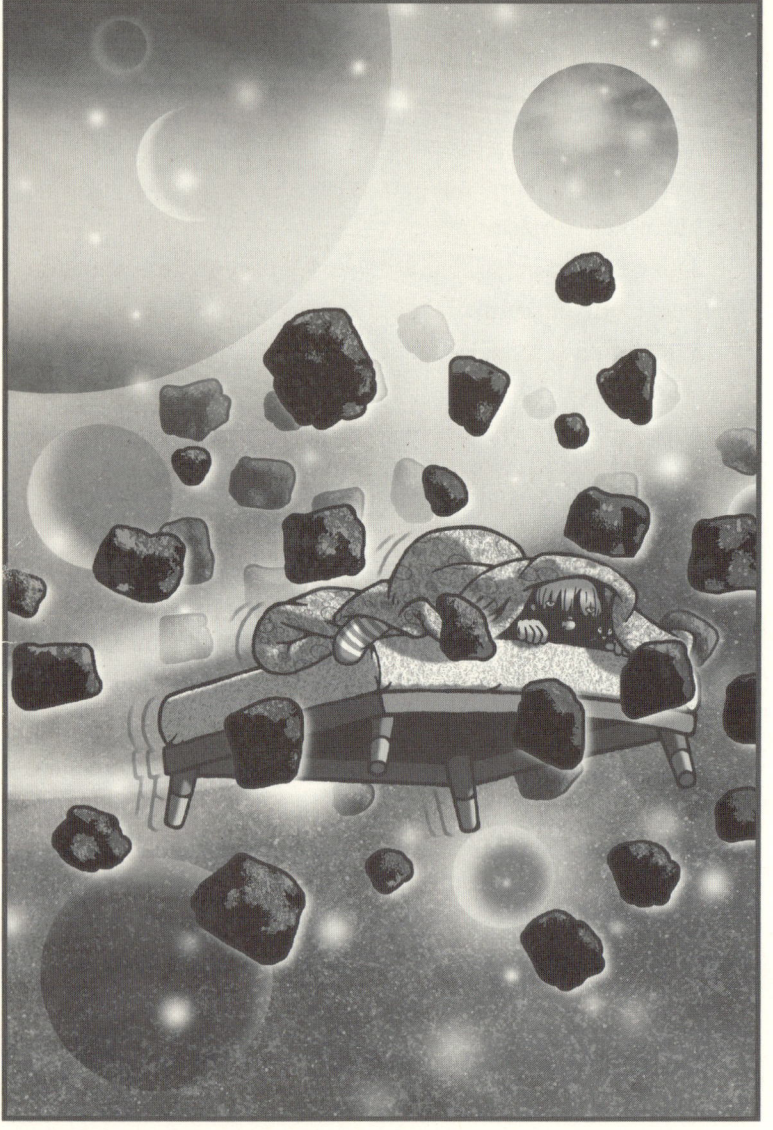

KAROTTEN IM WELTALL

Das Baby kam im April auf die Welt.

Die Geburt war sehr anstrengend gewesen für Mami und deswegen war sie ziemlich lange krank. Papi holte sie und das Baby aus dem Krankenhaus ab. Dirk und ich, wir warteten zu Hause.

Wir hatten ein Plakat gemalt, auf dem stand: Herzlich willkommen von Dirk und Andreas! Das Plakat hatten wir über der Tür zum Schlafzimmer aufgehängt, weil da die Babywiege drinstand.

Als Papi und Mami zur Haustür reinkamen, war ich erst mal ganz schön erschrocken, weil Mami so blass war im Gesicht. Aber sie grinste und sagte, das wird schon wieder und wir sollten uns mal das neue Brüderchen angucken.

Das neue Brüderchen lag in einer Babytragetasche und schlief.

Es war winzig klein und auch ziemlich hässlich, fand ich, aber das sagte ich nicht. Papi meinte nämlich, es wäre das schönste Baby von der Welt, dabei hatte es ein knallrotes Gesicht, das war total zerknautscht. Seine Nase war klitzeklein. Dafür waren die Ohren zu groß und standen ab und überhaupt sah der Kopf fast so aus wie eine Suppenschüssel. Haare hatte es auch keine, nur so ein paar, und das tat mir leid, dass so ein kleines Kind schon eine Glatze hatte. Die Händchen waren auch ganz schrumpelig.

Und plötzlich machte das Baby die Augen auf. Sie waren blau und sahen aus wie bei einem Chinesen, so schlitzig.

Ich dachte, toll, bestimmt erkennt es gleich, dass ich sein Bruder bin.

Aber es schaute mich gar nicht an, sondern riss den Mund auf und fing an zu schreien. Sein Kopf wurde noch knallroter und seine kurzen Ärmchen fuchtelten in der Luft herum. Es hatte keinen einzigen Zahn im Mund.

Keine Haare und keine Zähne, das muss man sich mal vorstellen! Und dann noch die komischen Ohren!

Mami sagte, so, das Baby hat jetzt Hunger.

Sie hob es aus der Tasche, zog ihren Pullover hoch und holte einen von ihren Busen raus. Da legte sie das Baby mit dem Kopf dran. Es fing wie wild an zu nuckeln und dabei machte es grunzende Geräusche. Es hörte sich so ähnlich an wie Tobi und ich sagte, wir könnten es ja Tobi Zwei nennen.

Aber das Baby hatte schon einen Namen: Es hieß Björn, und als es fertig war mit Nuckeln, schlief es sofort wieder ein.

Also, insgesamt total langweilig.

Zehn Wochen später lagen Dirk und ich unter der Bettdecke in meinem Bett und spielten Raumschiff.

Das war unser absolutes Lieblingsspiel. Man musste dazu unter die Decke kriechen, aber mit dem Kopf zuerst, bis man am Fußende war. Weil es unter der Decke ganz dunkel war, konnte man sich vorstellen, man wäre im Weltall. Das Bett war das

Raumschiff. Überall rundrum waren Sterne. Und natürlich sah man die Sonne und die Erde und den Mond, und die anderen Planeten flogen auch durch die Gegend. Dann gab man Gas und raste durch die Milchstraße. Dirk war Kapitän, ich war Admiral oder umgekehrt und Tobi war immer Offizier, aber ein ziemlich schlechter. Wir erforschten fremde Planeten oder kämpften gegen Außerirdische. Wenn die Außerirdischen in Ordnung waren, wurden wir Freunde und bestanden gemeinsam Abenteuer.

Ich hatte gerade einen riesigen Meteoriten zerballert, der unser Schiff rammen wollte, als Dirk sagte, das Baby wäre langweilig. Es wäre jetzt schon über zwei Monate alt und es machte nichts anderes als essen und schlafen und rumschreien. Man könnte nicht mit ihm spielen, weil es so klein wäre. Sprechen könnte es auch nicht.

Und dann sagte er noch, es ist sowieso doof und stinkt!

Ich fand das Baby ja auch langweilig, aber das mit dem Stinken war ungerecht. Babys können noch nicht aufs Klo, weil ihr Hintern noch nicht funktioniert. Deswegen machen sie in die Hose und darum macht man ihnen ja auch Windeln drum. Wir hatten herausgefunden, dass es am meisten stank, wenn Mami das Baby mit Karottenbrei gefüttert hatte. Danach hatten Dirk und ich uns geschworen nie wieder Karotten zu essen.

Weil Papi tagsüber auf der Arbeit und Mami krank war, machten Dirk und ich den Haushalt. Mami musste den ganzen Tag im Bett liegen, außer wenn das Baby die Windeln gewechselt bekam.

Dirk hatte gesagt, das könnten wir auch machen, neue Windeln um das Baby. Aber Mami hatte Angst, weil Dirk immer alles fallen ließ, und ein Baby kann man nicht reparieren. Wenn das runterfällt, ist es womöglich für immer kaputt und man kann es nicht verstecken und ein neues besorgen.

Aber wir durften beim Windeln zugucken und dem Baby sogar die Beine hochhalten.

Mami wischte ihm dann den Hintern ab. Danach wurde es richtig gewaschen, mit Öl abgerieben, dann mit Creme eingeschmiert und gepudert. Natürlich nur der Hintern. Das Baby war dabei meistens ganz ruhig. Manchmal wurstelte es mit seinen kleinen Fäusten in der Luft herum. Es konnte sich sogar einen Fuß in den Mund stecken, was Dirk und ich auch mal probierten, und es funktionierte.

Der Pimmel von dem Baby war ganz klein und verschrumpelt. Einmal lag es auf dem Rücken und war schon fix und fertig gepudert und alles. Plötzlich stellte sich ohne Vorwarnung sein Pimmel auf und es pinkelte. Es traf genau in sein linkes Ohr.

Das versuchten Dirk und ich später auch, aber wir trafen unsere Ohren nicht. Das war eine wahnsinnige Schweinerei.

Das Baby windeln durften wir also nicht, aber sonst machten wir alles. Wir konnten kochen und Wäsche waschen und aufräumen und einkaufen. Mami war total stolz auf uns. Wir bereiteten auch das Essen für das Baby zu und manchmal durften wir es sogar füttern. Es konnte nur Brei essen und zermatschtes Gemüse, weil es ja noch keine Zähne hatte.

Schön blöd! Im Raumschiff aßen wir immer Kekse, Dirk und ich, und Tobi durfte die Krümel auffressen.

Dirk sagte, das Baby dürfte nie in das Raumschiff, weil es seinen Gemüsebrei so oft ausspuckte, und den würde Tobi bestimmt nicht fressen. Außerdem würden wir womöglich auf dem Brei ausrutschen, dann wäre das Schiff führerlos und wir könnten mit einem Planeten zusammenknallen.

Ich fand, er hatte Recht. Ein bisschen hatten wir auch Angst, das Raumschiff könnte irgendwann nach Karotten stinken.

Das Baby hatte zwar jetzt schon mehr Haare gekriegt und Mami sagte, es würde auch bald Zähne bekommen. Es gab also doch noch Hoffnung, außer für die Ohren. Aber trotzdem fragten wir uns, warum ein Baby überhaupt schon auf die Welt kam, wenn es noch gar nicht richtig fertig war und anderen Leuten nur einen Haufen Arbeit machte. Wir hatten uns einen kleinen Bruder ganz anders vorgestellt. Am liebsten hätten wir ihn gar nicht gehabt oder gegen einen neuen umgetauscht.

Alle meine Freunde guckten sich das Baby an.

Susanne fand es natürlich klasse. Sie durfte es sogar mal halten und dabei sagte sie dauernd Gutzi-Gutzi und lauter anderes blödes Zeug. Wahrscheinlich fand sie es so toll, weil es abstehende Ohren hatte und zu allem Unglück dann später auch noch eine Zahnspange kriegen würde.

Christiane meinte, das Baby wäre okay, aber Richard und Uli, die fanden es genauso langweilig wie Dirk und ich. Immerhin kann man mit so großen Ohren von einem Wolkenkratzer fallen, ohne dass einem was passiert, sagte Richard, weil, da gleitet man schön ruhig durch die Luft. Wie ein Segelflieger.

Irgendwann ging es Mami endlich besser und sie musste nicht mehr den ganzen Tag im Bett liegen. Und dann kam der Tag, an dem sie zum Arzt ging. Später hat Mami dann Papi erzählt, diesen Tag würde sie nie vergessen.

Ich werde ihn auch nie vergessen und Dirk auch nicht. Dirk beschloss nämlich, dass das Baby jetzt alt genug wäre, um Raumschiffadmiral zu werden.

Mami war schon über zwei Stunden beim Arzt und ich stand in der Küche und kochte ekligen Babybrei, weil bald Fütterzeit war. Ich war sauer, weil ich dieses langweilige Baby nicht leiden konnte mit seinen doofen Ohren und überhaupt. Wahrscheinlich musste man dem noch jahrelang alles mögliche Zeug kochen und zur Belohnung wurde man dafür eingestinkert.

Plötzlich hörte ich das Baby schreien.

Ich dachte, klasse, genau zur richtigen Zeit kriegt es Hunger.

Dann schrie Dirk auch und da wusste ich, etwas war schiefgegangen.

Ich raste in unser Zimmer und da hatten wir die Bescherung: Dirk hatte das Baby aus der Wiege geholt und in sein Bett gelegt. Dann hatte er Tobi dazugesetzt, eine Packung Kekse geholt, über alles die Decke gezogen und das Raumschiff gestartet. Er wollte nur bis zum Mond und erst ging auch alles gut. Dirk futterte Kekse, Tobi die Krümel und das Baby fand wohl auch alles ganz toll. Aber dann gab Dirk ihm ein Stückchen Keks, kurz vor der Mondlandung. Das Baby verschluckte sich, hustete und kotzte – platsch! – ins Raumschiff.

Die ganze Kommandobrücke war voll mit grünem Gemüsebrei und Krümeln. Tobi saß mittendrin. Er hatte die halbe Ladung abgekriegt und sah aus wie einer von den Außerirdischen, grün von oben bis unten. Er grunzte und war total sauer. Das Baby war auch voll mit Brei und Krümeln und ich glaube, es war wütend.

Es schrie.

Dirk heulte.

Tobi grunzte.

Ich fluchte.

Vor lauter Aufregung hatte das Baby sich auch noch in die Hose gemacht. Es stank nach Karotten und alles war ein furchtbares Durcheinander.

Ich packte das Baby, rannte ins Badezimmer und legte es dort auf den Wickeltisch.

Es schrie immer noch, aber wie!

Dirk kam hinterher. Er sah sehr erschrocken aus, aber er heulte nicht mehr. Ich machte einen Waschlappen nass und wischte dem Baby das Gesicht ab. Dirk schickte ich in unser Zimmer, damit er das Bettzeug und Tobi sauber machte.

Dann wollte ich dem Baby neue Windeln umlegen, aber ich konnte es gar nicht richtig ausziehen, weil es wie wild zappelte. Ich hatte Angst, dass es runterfallen könnte, also rief ich Dirk zurück.

Als er kam, hielt er mit der einen Hand das Bettzeug, in der andern Tobi. Er ließ beides vor der Tür fallen. Tobi plumpste Gott sei Dank auf die Bettwäsche.

Zu zweit ging es besser. Wir zogen das Baby nackt aus, was

ganz schön anstrengend war, weil es einfach nicht stillhalten wollte. Außerdem rannte uns Tobi zwischen den Beinen rum. Die blöden Klebstreifen von der Windel gingen auch erst nicht ab, aber schließlich schafften wir es. Dirk war so durcheinander, dass er die volle Windel ins Klo schmiss und runterspülte. Es gluckerte kurz und dann war auch noch das Klo verstopft.

Gut, dass wir beim Windeln schon geholfen hatten. Ich wusste genau die Reihenfolge: Beine hoch, abwischen, abwaschen, einölen, eincremen, einpudern. Leider nahm ich zu viel Öl und die Creme blieb nicht drauf kleben. Also schmierte ich dem Baby den Rest von der Creme auf den Bauch. Das fand es klasse und hörte endlich mit dem Geschrei auf. Um alles trocken zu kriegen, kippte ich jede Menge Puder drüber.

Dirk hustete, alles war in einer weißen Wolke.

Und in diesem Moment beschloss das Baby uns sein Kunststück mit dem Ins-Ohr-Pinkeln zu zeigen. Da mussten wir dann wieder von vorne anfangen, weil, diesmal traf es nicht sein Ohr, sondern nur seinen Bauch. Alles lief an ihm runter, aber es hatte sehr gute Laune und gluckste aus seinem zahnlosen Mund.

Ich hätte am liebsten geheult.

Aber als wir endlich fertig waren, sah das Baby richtig gut aus, es hatte nur noch ein paar Krümel in den Ohren.

Ich nahm es vorsichtig auf den Arm und ging aus der Tür. Da lag immer noch die Bettwäsche und ich trat natürlich genau in die Gemüsekotze. Es roch auch plötzlich ganz verbrannt. Der Geruch kam aus der Küche, zusammen mit einem Haufen Qualm, weil der Brei übergekocht war.

Dirk rannte in die Küche. Fast hätte er dabei Tobi zertrampelt. Der war immer noch grün, flitzte kreuz und quer durch die Wohnung und sah aus wie eine Schüssel Spinat auf Beinen. Mir war ganz schlecht.

Und dann klapperte es an der Haustür.

Mami war vom Arzt zurück.

Sie hat dann alles in Ordnung gebracht.

Sie fütterte das Baby, holte die Windel aus dem verstopften Klo und steckte die dreckige Wäsche in die Waschmaschine. Ich schrubbte in der Zeit den Herd und Dirk schrubbte Tobi.

Mami war nicht böse auf uns, aber sie sagte, wir könnten wohl doch noch nicht alleine auf das Baby aufpassen.

Da fingen wir beide an zu heulen und es tat ihr gleich wieder leid. Am nächsten Tag kauften wir von unserem Taschengeld eine Packung von unseren absoluten Lieblingskeksen und legten sie dem Baby in die Wiege. Erst guckte es komisch, aber dann lachte es. Mami fand es klasse und sie sagte, okay, ihr seid doch zwei große Jungs und in ein paar Monaten kann das Baby auch richtig mit euch ins Weltall fliegen.

Also erzählten wir dem Baby jetzt beim Füttern und beim Windeln immer, wie es im Weltraum aussah, und ich glaube, es konnte uns richtig gut leiden.

Wir nannten es jetzt auch nicht mehr Baby, sondern Björn. Und eigentlich war es ja doch ganz toll, einen kleinen Bruder zu haben. Wir wollten ihn auch nicht mehr umtauschen.

Höchstens vielleicht die großen Ohren.

DER PLASTIKSACK

Wir wären niemals bei Bergers in den Keller eingebrochen, wenn Richard nicht zum Geburtstag von seinen Eltern ein Fernrohr geschenkt bekommen hätte.

Richard und seine Eltern, die wohnten auf der anderen Seite der Stadt. Das Zimmer von Richard war unter dem Dach und es hatte ein riesiges Fenster, wo sein Bett drunter stand. Wenn man da drinlag, konnte man den Sternenhimmel beobachten und manchmal, wenn ich bei Richard schlafen durfte, stellten wir uns vor, wie UFOs aus dem Weltall kamen und mit uns zur Wega flogen oder zum Orion. Richard kannte sich nämlich total gut aus mit Sternen und Sternbildern, wie sie heißen und warum sie rumscheinen und so.

Es ist ein bisschen kompliziert, weil nämlich, meistens gehören mehrere Sterne zusammen, und wenn mal jemand gedacht hat, na so was, wenn man den und den Stern verbindet mit noch einem von weiter hinten, sieht es aus wie ein Löwe, dann war es das Sternbild des Löwen. Und wenn später einer gedacht hat, na ja, eigentlich sieht es mehr so aus wie ein Elefant oder ein Staubsauger, dann war nix mehr zu machen, Löwe bleibt Löwe.

Richard hatte mal erzählt, die Sterne wären so weit weg, dass ihr Licht manchmal über hundert Jahre durch den Weltraum flitzt, bevor es auf der Erde ankommt. Also kann womöglich ein Stern schon längst zerplatzt sein, aber wir wissen es nicht, weil noch jahrelang sein Licht durch die Gegend fliegt – bis plötzlich irgendjemand merkt, dass der Löwe keinen Schwanz mehr hat, und was dann passiert, das wusste Richard auch nicht.

Jedenfalls, an dem Tag, als alles anfing, war Susanne bei mir zum Hausaufgabenmachen.

Wir saßen in der Küche am Tisch und versuchten rauszukriegen, wie viele Beine über einen Bauernhof rennen, wenn da siebzehn Schweine, vierzehn Hühner und neun Kühe wohnen, plus der Bauer und seine Frau.

Dirk guckte uns zu und er nervte uns, weil er wissen wollte, warum Schweine keine Eier legen und Kühe nur einen Busen haben, aber dafür vier Nippel dran. Mami stand an der Spüle und machte den Abwasch, als es auf einmal Sturm klingelte und jemand an der Haustür rumdonnerte.

Meine Güte, sagte Mami, wer ist das denn und dass Björn noch aufwachen würde aus seinem Mittagsschlaf von dem Krach. Sie ging raus an die Haustür und machte auf und Richard kam in die Küche geschossen, mit knallrotem Kopf, außer Puste und total aufgeregt.

Er sagte, er müsste uns was erzählen, aber es wäre geheim, und dabei schielte er zu Mami rüber, die wieder an der Spüle stand.

Mami sagte, das Geheimnis muss warten, bis ihr das mit den Beinen auf dem Bauernhof rausgekriegt habt.

Richard sagte, hundertsechsunddreißig, und ob wir jetzt gehen könnten. Der war schlau, der Richard.

Wir gingen alle ins Kinderzimmer und setzten uns auf mein Bett, und Susanne, Dirk und ich, wir mussten schwören, dass wir niemandem was verraten würden. Sonst, sagte Richard, würden wir nämlich alle Windpocken, Masern und Mumps auf einmal kriegen und außerdem noch Durchfall dabei und dann würden wir langsam sterben.

Susanne sagte, sie hätte schon Windpocken gehabt, und Richard meinte, okay, dann bekäme sie eben Beulenpest.

Susanne wollte aber lieber russische Grippe, da hatte sie was von in der Zeitung gelesen, und Dirk fragte, ob er dann die Beulenpest kriegen könnte statt Durchfall, und Richard schnauzte ihn an, wenn wir uns nicht bald einigen könnten, dann würden wir sowieso sterben, und zwar an Altersschwäche.

Und dann erzählte er endlich seine Geschichte:

Am Abend vorher hatte er mal wieder durch sein Fernrohr geguckt, und zwar rüber zu Bergers, die im letzten Haus auf der anderen Straßenseite wohnten. Um Bergers Grundstück rum war eine riesige Hecke; aber weil Richard unter dem Dach wohnt, konnte er von oben aus seinem Fenster bequem alles beobachten, was bei Bergers passierte, vor allem mit dem Fernrohr, obwohl seine Eltern ihm das schon oft verboten hatten.

Und Richard hatte gesehen, wie im Wohnzimmer von Bergers, wo das Licht an war, Herr und Frau Berger sich stritten, und Herr Berger hatte seiner Frau eine gescheuert. Frau Berger war rausgerannt aus dem Wohnzimmer, ihr Mann hatte sie verfolgt und dann war das Licht ausgegangen.

Susanne sagte, wer Frauen verkloppt, der ist ein Schwein und ein Matscho.

Dirk fragte, was das ist, ein Matscho, und Susanne überlegte und sagte, also, es müsste so was Ähnliches sein wie russische Grippe, jedenfalls hätte es in derselben Zeitung gestanden.

Ich fragte Richard, was denn jetzt das große Geheimnis wäre, außer dass Herr Berger seine Frau verkloppt.

Und dann erzählte Richard, dass ihm vorhin langweilig gewesen wäre bei den Hausaufgaben und da hätte er durch das Fernrohr geschaut. Das war noch auf Bergers Haus eingestellt, vom Abend vorher, und eigentlich wollte Richard es verstellen. Aber als er durchguckte, da sah er, wie Herr Berger aus der Verandatür vom Wohnzimmer einen großen schwarzen Plastiksack über die Terrasse und durch den Garten zog, bis zu einer Tür am Haus, die in einen Kellerraum runterführte. Und da zerrte er ihn rein, den Sack, und schwitzte dabei wie verrückt. Luzy, der Schäferhund von Bergers, jaulte dabei die ganze Zeit und versuchte an dem Plastik rumzukratzen. Dann kam Herr Berger mit Luzy wieder aus dem Keller raus, ohne den Sack, und ging zurück ins Haus.

Richard rannte in die Küche, holte ein paar Eier aus dem Kühlschrank und ging rüber zu Bergers. Da klingelte er.

Herr Berger machte auf und Richard starb fast vor Angst. Aber er sagte, das wären die Eier, die seine Mutter sich von Frau Berger geliehen hätte, und er wollte sie zurückgeben und ob Frau

Berger zu Hause wäre. Und Herr Berger war ganz unfreundlich und sagte, seine Frau wäre verreist und dass er auch bald verreisen würde, und da gab Richard ihm die Eier und rannte weg und schwang sich auf sein Fahrrad und kam zu uns, und das war's.

Mir war ganz unheimlich und ich sagte, o Mann, und Dirk sagte, Wahnsinn, und Susanne sagte, wie, was denn?

Richard verdrehte die Augen und flüsterte, na, das wäre doch wohl ganz klar: Herr Berger hätte seine Frau umgebracht und dann hätte er ihre Leiche in einen Plastiksack verpackt und im Keller versteckt.

Susanne kriegte ganz große Augen hinter ihrer dicken Brille.

Dirk flüsterte, wahrscheinlich hätte Herr Berger seine Frau verwürgt. Richard sagte, es heißt *er*würgt und dass es nicht stimmen müsste, und Dirk sagte, genau, vielleicht hätte er sie auch einfach ergiftet, auf jeden Fall wäre sie jetzt ja wohl mausetot und verpackt.

Einen Moment lang waren wir alle ganz still und guckten uns an.

Dirk sagte, das glaubt uns kein Mensch, und ich sagte, was machen wir jetzt bloß, und dann flüsterte Susanne, ja, was machen wir bloß, weil, wenn Frau Berger umgebracht ist und Herr Berger verreist, wer füttert dann die arme Luzy?

Richard guckte Susanne an, als hätte sie einen Knall, und dann guckte er Dirk und mich an und ich wusste, was er jetzt sagen würde, weil ich dieselbe Idee hatte.

Wir können nicht zur Polizei gehen, sagte Richard, weil die auf Kinder nicht hört. Also müssten wir selber beweisen, dass

Herr Berger ein Mörder ist. Und um das zu beweisen, müssten wir eben irgendwie in Bergers ihren Keller reinkommen und den Plastiksack mit der Leiche finden.

An diesem Abend waren wir alle bei Richard.

Unseren Eltern hatten wir erzählt, dass es ein besonderer Abend wäre, weil massenweise Sternschnuppen vom Himmel fielen, die wir durch das Fernrohr beobachten wollten. Die Eltern von Richard waren bei Bekannten zum Essen und wollten um zehn Uhr wiederkommen und dann sollte Richards Vater uns nach Hause fahren. Es war also alles bestens, um bei Bergers in den Keller einzubrechen.

Wir hatten alle unsere dunkelsten Klamotten angezogen und Dirk hatte seine kleine Taschenlampe mitgenommen. Um acht Uhr war es draußen schon ganz dunkel und ich war so aufgeregt, dass ich zweimal aufs Klo gehen musste.

Richard malte unsere Gesichter schwarz, mit Ruß von einem angebrannten Korken, und wir sahen alle klasse aus, wie echte Einbrecher, fand ich.

Susanne hängte sich einen kleinen Rucksack über die Schultern und dabei sagte sie, sie hätte Muffe. Was wäre zum Beispiel, wenn Luzy uns erwischt oder Herr Berger und uns dann auch alle in Plastiksäcke einwickelt?

Richard sagte, Luzy wäre so blöd, die könnte einen Knochen nicht von einem Telefonhörer unterscheiden, die würde uns nichts tun. Und wenn Herr Berger uns kaltmachen würde, dann wären wir eben für die Gerechtigkeit gestorben und würden als

Engel in den Himmel kommen – obwohl es schwierig würde, mit einem Plastiksack um sich rum durch die Gegend zu fliegen und dabei auch noch ein Instrument zu spielen und Jesuslieder zu singen.

Dann guckte er uns alle feierlich an und sagte, wir müssen jetzt schwören, dass wir entweder Frau Bergers Leiche finden und ihren Ermörder der Polizei ausliefern oder alle bei dem Job draufgehen. Dirk sagte, genau, und dann ging es los.

Erst lief alles prima. Wir waren aus dem Haus und über die Straße gerannt, ohne dass uns jemand gesehen hatte, und dann um Bergers Haus herum, bis wir hinten an ihrer Gartenhecke waren. Da mussten wir jetzt durch. Es war so dunkel, dass man kaum was erkennen konnte, und wenn ich nicht gewusst hätte, dass die anderen neben mir stehen, hätte ich sie echt nicht gesehen, so gut war unsere Tarnung.

Richard kroch als Erster in die Hecke, dann kam Dirk und dann ich und als Letzte Susanne. Es raschelte ziemlich laut und die Zweige zerkratzten einem das Gesicht. Weil es geregnet hatte, fielen mir Tropfen hinten in den Anorak.

Richard, Dirk und ich, wir lagen schon auf der anderen Seite der Hecke auf dem Rasen in Deckung, als Susanne plötzlich losfluchte, dass sie feststeckt, weil ihr verdammter Rucksack sich in den Zweigen verfangen hätte. Sie fing an wie eine Bekloppte in der Hecke rumzuspringen und machte dabei totalen Krach.

Richard zischte, sei doch leise und was überhaupt in dem bescheuerten Rucksack drin wäre.

Susanne hörte auf mit Hüpfen und rief zurück, blöde Frage,

natürlich was zu essen, was zu trinken, der Becher für ihre Zahnspange und drei Mickymausheftchen, falls Herr Berger uns erwischen und einsperren würde.

Das wird er bestimmt, flüsterte Richard zurück, wenn Susanne sich weiter so dämlich anstellt und rumspringt und durch die Gegend brüllt!

Dann rief Dirk Susanne zu, warum sie nicht das Marsupilami mitgenommen hätte statt Mickymaus oder wenigstens die Schlümpfe, und Richard schnauzte ihn an, er würde ihm gleich eins auf die Birne schlumpfen, wenn er nicht sofort die Klappe hält, und in dem Moment krachte Susanne durch die Hecke und fiel neben Dirk in das nasse Gras.

Es war so laut, dass ich dachte, Herr Berger hätte es gehört, und wir blieben alle auf dem Rasen liegen und trauten uns nicht einmal zu atmen.

Aber Herr Berger hatte nichts gehört. Von da, wo wir im Gras lagen, konnten wir durch das Wohnzimmerfenster sehen, wie er vor dem Fernseher saß, mit einer Flasche Bier in der Hand, und vor seinem Sessel lag Luzy auf dem Teppich und pennte.

Richard flüsterte, wir sollten den Kopf ganz tief runtermachen und ihm folgen, und dann robbte er über den Rasen in Richtung Kellertür. Wir krochen hinter ihm her und einmal packte ich mit einer Hand in was Matschiges rein, das war eine Schnecke, die auch durch die Gegend kroch, das war total eklig.

Richard war als Erster an der Kellertür, dann kamen Susanne und ich und dann kam plötzlich Dirk mit einem Affenzahn angerobbt, die Nase dicht am Boden, schoss an uns vorbei und ballerte volle Kanne mit dem Kopf gegen die Hauswand.

Richard sagte, er wäre wohl verrückt geworden, und Dirk heulte fast und rieb sich den Kopf und sagte, dann sollte doch mal Richard die ganze Zeit mit dem Kopf nach unten durch die Gegend kriechen, ohne was zu sehen, und überhaupt, er müsste mal pinkeln.

Richard antwortete nicht, weil er schon versuchte die Kellertür aufzumachen. Die war natürlich abgeschlossen, aber direkt daneben war ein kleines Fenster in der Wand, das halb offen stand.

Richard flüsterte, da müssen wir jetzt rein, und zwar Susanne zuerst, weil sie womöglich wieder stecken blieb, und dann wäre es leichter, von draußen zu drücken, als von drinnen zu ziehen. Weil nämlich, der Kellerraum läge bestimmt ganz tief und deswegen könnten wir vielleicht von innen nicht an Susanne drankommen.

Susanne sagte, Richard hätte wohl eine Meise, sie würde doch nicht alleine in einen Keller mit einer Plastikleiche reingehen, ohne Licht und alles. Und wenn der Keller so tief wäre, könnte sie sich alle Knochen brechen und womöglich würde Frau Berger da drinnen hocken und nur darauf warten, dass kleine Kinder in den Keller fallen, um sie dann aufzufressen.

Ich sagte, red keinen Quatsch und dass Tote nicht durch die Gegend laufen, schon gar nicht im Dunkeln und in Plastik verpackt, weil das schwieriger wäre als Sackhüpfen.

Susanne holte tief Luft und sagte, na gut, sie würde als Erste rein – aber nur, um zu beweisen, dass Mädchen mutiger wären als Jungs.

Dann drückte sie das Fenster nach innen auf, zog sich durch den Fensterrahmen rein, zappelte kurz mit den Beinen, trat mir dabei mit einem Fuß in den Bauch und war plötzlich verschwunden.

Man hörte einen weichen Plumps und dann rief Susanne von drinnen, alles klar, und dass ein Wäschekorb unter dem Fenster stünde, wo sie reingefallen war. Dirk sollte ihr jetzt die Taschenlampe durch das Fenster geben, damit sie ihre Brille suchen könnte, die hätte sie gerade in der Wäsche verloren.

Dirk reichte seine Taschenlampe nach innen zu Susanne und kletterte hinterher. Es plumpste wieder und Dirk war auch drin. Dann war ich an der Reihe und es war richtig klasse, in die weiche Wäsche zu fallen, obwohl es ziemlich stank, weil ich in ein paar Käsesocken von Herrn Berger gelandet war. Ich kletterte aus dem Wäschekorb und schon purzelte Richard durch das Fenster.

Susanne hatte ihre Brille wiedergefunden. Sie stand vor dem Wäschekorb, leuchtete uns mit der Taschenlampe an und sagte, das wäre prima mit dem Korb, für unsere Flucht. Wir müssten nur den Deckel zuklappen, dann könnten wir wieder aus dem Fenster rausklettern.

Bis jetzt war alles so schnell gegangen, dass ich überhaupt keine Zeit gehabt hatte, um Angst zu kriegen. Aber plötzlich fand ich alles schrecklich gruselig, weil Susannes Stimme in dem Kellerraum ganz komisch klang, und dann sagte keiner mehr was und das war noch gruseliger. Ich stellte mir vor, wie die arme Frau Berger in ihrem Plastiksack lag und womöglich auch ganz schön Bammel hatte, die ganze Nacht im Dunkeln und tot und alles.

Dieser Kellerraum, der war ziemlich klein. Es roch nach den Klamotten aus dem Korb und nach Waschpulver und es war total finster, weil Dirks Taschenlampe nicht so stark war. Wir trauten uns nicht, das Deckenlicht anzuknipsen, weil Herr Berger, wenn er mal zufällig aus dem Wohnzimmer in den Garten guckte, vielleicht sehen konnte, dass aus dem Kellerfenster Licht nach draußen fiel.

Ich hielt mich an Dirk fest und wir gingen zu Richard und Susanne, die hinter uns standen. Die paar Schritte bis dahin klackerten und machten kleine Echos und mir lief eine Gänsehaut über den ganzen Körper. Susanne richtete die Taschenlampe auf eine Wand und in dem Lichtstrahl sahen wir eine Tür, die wohl nach oben führte. Daneben standen eine Waschmaschine und eine Wäscheschleuder. An der nächsten Wand erhob sich ein Regal, das war randvoll mit Einmachgläsern, und an der Wand daneben hingen an vielen kleinen Haken lauter Gartenwerkzeuge. Die letzte Wand war die mit der Tür in den Garten und dem Fenster, wo der Wäschekorb drunter stand.

Und da, genau neben dem Wäschekorb, lag der Plastiksack.

Eine Weile standen wir nur davor und guckten, wie das Plastik im Licht von der Taschenlampe glänzte.

Richard schluckte und flüsterte, jetzt müssen wir ihn aufmachen, den Sack.

Susanne sagte, eigentlich hätte sie keine Lust, eine richtig tote Leiche zu sehen.

Dirk meinte, genau, wer weiß, wie die aussieht, verwürgt und alles, und dass Frau Berger womöglich noch die Augen auf-hätte und ganz komisch guckt und dass sie es vielleicht ganz gemütlich fände in ihrem Plastiksack und sauer würde, wenn wir ihn aufmachten.

Richard sagte, da wäre nix zu machen, wir müssten das tun, weil wir ja sonst keinen Beweis hätten für die Polizei. Er zog sein Taschenmesser aus der rechten Hosentasche und sagte, also los.

Susanne drückte Dirk die Taschenlampe in die Hand und sagte, er solle leuchten, sie hätte zu viel Angst.

Dirk fing an zu zittern mit der Lampe und mir wackelten auch die Beine. Susanne trat ein paar Schritte zurück, als Richard mit seinem Taschenmesser in das Plastik schnitt und es aufriss.

Erst passierte gar nichts. Aber dann zog Richard an dem Plastik und etwas raschelte plötzlich und fiel raus aus dem Sack und knallte auf den Boden.

Susanne sprang nach hinten und kreischte, das ist eine abbe Hand von Frau Berger, der Matscho hat sie zerstückelt!

Dabei streifte sie eins von den Einmachgläsern im Regal hinter sich und es fiel runter. Susanne grapschte nach dem Glas und fing es sogar auf, aber dabei knallte sie volle Pulle gegen das Regal. Es wackelte und schepperte und dann kippten ganz viele Gläser heraus und es hörte sich an, als würde ein Flugzeug im Keller landen, so krachte es, als sie auf dem Boden zerknallten.

Susanne kreischte.

Dirk kreischte auch und dann ließ der Idiot die Taschenlampe fallen und es wurde stockdunkel.

Ich fing auch an zu schreien, weil jetzt das Plastik ganz laut knisterte, und Susanne schrie, o Gott, o Gott, jetzt kommt sie und frisst uns auf! Dirk fing an zu heulen, er hätte Angst und könnte sein Pipi nicht halten, und alle rannten wild im Dunkeln durcheinander und schrien um die Wette.

Ich donnerte voll gegen eine Wand und sah lauter Lichtflecken, drehte mich im Kreis, machte ein paar Schritte und dann stolperte ich über irgendwas und fiel in den Wäschekorb, genau in die Käsesocken.

Richard brüllte, wir sollten aufhören zu schreien, da wäre keine Leiche drin in dem Plastiksack, sondern Wäsche, aber es war mir egal. Auch Susanne und Dirk kreischten immer noch und ich versuchte gerade wie ein Verrückter den Deckel vom Wäschekorb über mir runterzuziehen, als die Kellertür aufflog und das Licht anging.

Erst konnte ich gar nichts sehen, weil es plötzlich so hell war, aber nach zwei oder drei Sekunden erkannte ich Herrn Berger. Er stand in der Tür, mit einer echten Pistole in der Hand und schrie, Hände hoch, ihr Schweinebande, sonst puste ich euch die Birne weg!

Susanne sagte, Scheiße, der Matscho, und wir rissen alle die Hände hoch und der Deckel vom Wäschekorb knallte mir auf den Kopf. Es krachte laut und ich erschrak zu Tode, weil ich dachte, Herr Berger hätte einen von uns erschossen. Aber es war nur das Einmachglas gewesen, das Susanne gefangen hatte und das ihr jetzt runtergefallen war.

Im nächsten Moment kam Luzy hinter Herrn Berger die Treppe runtergefegt wie der Blitz. Sie stürzte an ihm vorbei auf den Plastiksack zu und schnappte nach dem Ding, das da rausgefallen war. Und dann stellte sie sich in die Mitte des Kellers und wedelte mit dem Schwanz.

Mann, war das ein Stunk!

Herr Berger war total wütend und verpetzte uns natürlich, der Blödmann. Richard wurde von seinen Eltern für zwei Wochen das Fernrohr weggenommen und Papi und Mami waren stinksauer, weil Dirk und ich sie belogen hatten mit den Sternschnuppen, und Susannes Eltern auch. Alles war ganz schrecklich peinlich. Da war nämlich wirklich nur Wäsche drin gewesen in dem Plastiksack. Und Luzy hatte deswegen so verrückt gespielt, weil Herr Berger aus Versehen ihren Lieblingshundeknochen mit eingepackt hatte. Der war rausgefallen, als Richard den Sack aufgeschnitten hatte. Und Frau Berger war auch wirklich in Urlaub und überhaupt kamen wir uns alle ganz schön bescheuert vor.

Obwohl, sagte Richard zwei Wochen später, als er sein Fernrohr wieder benutzen durfte und Dirk, Susanne und ich ihn besuchten, die Erwachsenen sind echt bescheuert! Statt sich zu freuen, dass die Kinder auf sie aufpassen, damit sie sich nicht gegenseitig umbringen, tun sie so, als wäre alles in Butter und als würden sie sich wer weiß wie gut miteinander vertragen. Dabei sind sie heimlich Matschos und verkloppen sich!

Dirk sagte, genau, und mir ist es in Zukunft egal, ob die Großen sich abmurksen, weil, wenn sie sich gegenseitig ergiften oder verwürgen, dann sind sie sowieso nur ein bisschen schneller als die russische Grippe oder die Altersschwäche.

DAS BAUMHAUS

Im Spätsommer, als Papi vierzig wurde, bekam er eine Melancholie, und deshalb wollte er mit uns ein Baumhaus bauen. Ich erzählte Richard davon, auf dem Schulhof, und Richard fragte, was das ist, eine Melancholie, und ich erklärte ihm, eine Melancholie ist eine kleine Wehmut, die einen befällt, wenn man bald vierzig wird und an früher denkt, als man noch ein sorgenfreies Kind war. Richard sagte, so ein Blödsinn, im ganzen Leben hätte er noch kein sorgenfreies Kind gesehen, aber vierzig zu werden, das wäre bestimmt ein wehmütiger Grund, weil, mit vierzig steht man ja praktisch schon mit einem Bein im Grab!

Wer steht im Grab, fragte Susanne neugierig, die gerade dazukam, natürlich mit Christiane im Schlepptau, und Christiane fing sofort an zu heulen, weil sie nur *Grab* gehört hatte, bis wir ihr erklärten, dass niemand gestorben war, oder womöglich doch, aber dann war es jedenfalls keiner, den wir kannten. Wir alle fanden vierzig furchtbar alt, aber wir freuten uns total auf das Baumhaus. Denn das war ja mal klar, dass da alle Freunde rein durften, wenn es fertig war.

Ihr müsst auch Fenster einbauen, sagte Susanne, sonst ist es kein Haus, sondern nur ein Schuppen, und in einem Schuppen kann man nicht richtig Vater-Mutter-Kind spielen. Genau, meinte Richard, außer man ist Maria und Josef, die wären an

Schuppen gewöhnt. Allerdings kämen sie schlecht rein in so ein Baumhaus, vor allem Maria mit ihrem Schwangerbauch, und spätestens wenn die Kühe und übrigen Adventstiere auch noch die Leiter rauf müssten, wäre ja wohl mal Schluss. Ich verkündete, dass Papi uns erlaubt hatte, das Baumhaus selber einzurichten, mit alten Möbeln und Zeugs vom Sperrmüll, und vor lauter Vorfreude hopsten wir alle begeistert im Kreis herum, und die Spätsommersonne malte unsere Schatten auf den Schulhof wie mit schwarzem Filzstift.

Für die Bekämpfung von seiner Melancholie hatte Papi einen Baum ausgesucht, der am Hang unterhalb von unserem Garten stand, zwischen jeder Menge anderen Bäumen. Papi meinte, zum Teil wäre dieser Baum schon abgestorben, man könnte also ruhig ein paar Äste aus ihm raussägen und ein paar Nägel in ihn reinkloppen. Als wir alle am Hang standen und runterguckten zum Baum, fragte Mami, die Björn auf dem Arm hatte, in welcher Höhe wird das Baumhaus denn gebaut, und Papi legte den Kopf schräg, machte einen kleinen Ton, *Hmmm*, und dann sagte er, also, so ungefähr vier Meter. Dirk und ich zischten Luft durch unsere Zähne. So hoch!

Dass da mal bloß keiner von euch runterstürzt, sagte Mami. Bis Björn putzen oder den Abwasch machen kann, dauert es nämlich noch Jahre. Dirk sagte, keine Sorge, da unten liegt so viel Laub überall, da tut man sich nichts bei einem Sturz. Schlimmstenfalls würden wir den Hang runterrollen und ganz unten liegenbleiben.

Wo der Hang endete, war eine große Wiese, und dreißig

Meter hinter der Wiese floss die Lahn. Über die konnte man im Herbst und Winter, vom Wohnzimmerfenster aus, zwischen den kahlen Bäumen durch rüberschauen auf die andere Seite, ins Gewerbegebiet mit dem großen Supermarkt. Der wirkte ganz nah, der Supermarkt, aber dieses Nahe war ja nur die Luftlinie über die Lahn. Ohne Luft dauerte es viel länger, da hinzukommen. Da musste man auf unserer Seite vom Fluss erst durch den ganzen Wald fahren, stadteinwärts, am Hochhaus von den Pinguinen vorbei runter in die Stadt, dort über eine Brücke, und dann ... es dauerte wirklich so lange ... dann auf der anderen Seite der Lahn die Strecke praktisch wieder zurück bis zum Supermarkt, und war man endlich angekommen, waren womöglich längst alle Sonderangebote ausverkauft. Manchmal im Herbst und Winter konnten Dirk und ich sehen, wie da drüben auf der anderen Seite Mami oder Papi beim Einkaufen den Wagen vorm Supermarkt parkten. Dann rissen wir das Wohnzimmerfenster auf und winkten und brüllten, aber es hatte noch nie geklappt, dass sie uns hörten und zurückwinkten und extra noch etwas mitbrachten, zum Beispiel eine Schokoladenkleinigkeit. Von einem Baumhaus aus, dachte ich jetzt, würde die Aussicht auf den Parkplatz natürlich noch viel besser. Vielleicht gab's dann endlich mehr Süßigkeiten.

Es war Freitagnachmittag, als Papi Dirk und mich ins Auto packte und wir zum Sägewerk fuhren. Das Sägewerk stand nicht weit von der Schule, direkt bei den Bahngleisen, und auf dem Nachhauseweg ging ich gern dort entlang, es duftete da nämlich meistens nach frisch gesägtem Holz, wie Harz und Honig.

Wenn man die Augen zumachte, war es ein Gefühl, als wäre man im Wald. Wenn man die Augen nicht rechtzeitig wieder aufmachte, rannte man gegen das Sicherheitsgatter vor dem Eisenbahnübergang und holte sich blaue Flecken.

Das Sägewerk gehörte den zwei Herrn Zerjacks, aber wir sahen nur einen von den beiden Brüdern. Der kam über den geschotterten Hof und begrüßte uns. Herr Zerjacks war gerade mal einen Kopf größer als ich. Er musste, um Papi die Hand zu schütteln, den Arm nach ganz oben ausstrecken. Fünf Minuten später standen die beiden immer noch herum und redeten viel und machten dazwischen Männergeräusche, also diese Brummtöne, die sich immer ganz wichtig anhören, von denen aber keiner weiß, was sie eigentlich bedeuten, außer vermutlich, dass es eben um was Wichtiges geht und der eine Mann damit zeigt, dass er ganz viel oder sogar noch mehr Ahnung von dem hat, was der andere Mann gerade erzählt.

Dirk und ich sahen uns um. Überall waren Bretter und Bohlen und Kanthölzer gestapelt, dazwischen wuchs Gras, und helle Sägespäne bedeckten den Hof, rausgeweht aus den Sägehallen. Ein paar Katzen stromerten durch die Gegend, die waren eigentlich das Spannendste. Wir überlegten, ob der zweite Herr Zerjacks noch kleiner war als sein Bruder und deshalb nicht aus dem Haus durfte, weil ihn womöglich sonst die Katzen holten.

Papi bestellte ordentlich viele Kanthölzer und Bretter, und dann machten wir uns auf den Weg in den Eisenwarenladen von Herrn Plitt. Da roch es auch, aber anders als im Sägewerk, nämlich metallisch und ölig. Papi kaufte Nägel und Schrauben,

Gewindestangen und Bauklammern, Unterlegscheiben und Schraubenmuttern. Die gab es in tausend kleinen Pappschachteln zum Aussuchen, aber eigentlich wusste Herr Plitt immer schon vorher haargenau, was Papi brauchte. Überrascht war er bloß, als Papi ihn fragte, ob er zufällig auch einen Flaschenzug auf Lager hätte, und dann war Papi überrascht, denn Herr Plitt hatte zufällig einen! Dirk und ich, wir freuten uns wie verrückt, bis uns einfiel, dass wir gar nicht wussten, was ein Flaschenzug überhaupt ist und wofür man ihn braucht, aber wir grinsten trotzdem begeistert, als Herr Plitt Papi den Karton gab. Es lag viel dickes Seil darin und Rollen und so Schraubdinger, auf die man die Rollen aufstecken konnte.

Und wo sind die Flaschen und wo ist der Zug, sagte Dirk nach einem Blick in den Karton. Genau, sagte ich, und Papi blickte uns mit diesem Blick an, mit dem er immer blickte, wenn er fand, dass wir ein bisschen langsam im Kopf sind und deshalb eigentlich gar nicht seine Söhne sein könnten. Es heißt Zug, sagte er langsam, weil man daran zieht, und Dirk sagte, soso, na gut, und was ist mit den Flaschen?

Tja, sagte Papi.

Weil, wenn es eine Eisenbahn ist, sagte Dirk, muss man nicht dran ziehen, die fährt von ganz allein und ohne Flaschen vorne vor.

Naja, sagte Papi.

Oder hinten dran, sagte Dirk. Papi sah so aus, als würde er ihn jetzt gern packen und vorne oder hinten zum Laden raustragen, aber da schaltete Herr Plitt sich ein. Die Flaschen, erklärte er und zeigte dabei auf die Schraubdinger, die Flaschen sind die Halterungen für die Rollen, über die euer Seil läuft.

Na also, sagte Papi und nickte in Dirks Richtung.

Am Seil hängt eure Last, erklärte Herr Plitt weiter. Über je mehr Rollen sie läuft, umso leichter wird sie. Diese hier liegen schon lange und quietschen ein bisschen, also denkt dran, vorm Benutzen ein bisschen Öl drauf zu machen.

Jungs, denkt mit dran, sagte Papi.

Klar, sagten Dirk und ich, und dann verließen wir den Laden mit dem öligen Metallgeruch. Aber abends im Bett, als wir vor lauter Vorfreude auf den nächsten Tag nicht einschlafen konnten, da dachten wir nicht an den Flaschenzug, sondern an den kleinen Herrn Zerjacks vom Sägewerk. Dirk flüsterte zu mir rüber, so ein Mann wie Herr Zerjaks, der würde bestimmt nur sehr kleine Kinder kriegen, vor allem dann, wenn er mit einer genauso kleinen Frau verheiratet wäre. Und wenn diese Kinder später noch kleinere Kinder bekämen, wären die so winzig, dass man sie kaum noch sehen konnte. Mir fiel Richard ein, der ja auch ziemlich klein war, und ich fragte mich, ob ihm womöglich auch ein Schicksal mit winzigen Kindern bevorstand.

Tja, flüsterte Dirk und gähnte, dann müssen wir eben gut aufpassen, wo wir hintreten, wenn wir den Richard später mal besuchen, und damit schliefen wir ein.

Leider darf ich vom Baumhausbau nichts erzählen. Papi stellte sich wie ein blutiger Anfänger an – bloß sagte er nicht *blutig,* sondern *sorgfältig* –, und er sagte, wenn Dirk oder ich jemals davon erzählten, würde er uns beide enterben. Enterben ist, wenn jemand stirbt, der einem eigentlich was hinterlassen wollte, aber dann kriegt man von seinen Sachen nichts ab. Den Pharaonen im alten Ägypten wurde noch alles ins Grab hinterher geräumt, und je mehr Krempel sie hatten, umso größer war ihre Pyramide. Aber wenn man heutzutage stirbt, steht zu Hause alles nur rum, zum Beispiel auf unserem Dachboden Papis alte Aufziehrennbahn aus Blech. Auf der Bahn fahren zwei kleine Autos – ein rotes und ein blaues – immer Achten, bis man sie neu aufziehen muss. Sie fahren an aufgemalten Bergen und Wiesen mit Kühen drauf vorbei, an Tannenbäumen und einem See, und dabei brummeln sie schön gemütlich. Jedenfalls, Papi hat irgendwann gesagt, die Aufziehrennbahn bekäme mal der älteste Sohn der Familie, also ich, und deshalb verrate ich nichts über den Baumhausbau. Ein blau gekloppter Fingernagel braucht sowieso höchstens ein halbes Jahr, dann ist er wieder rausgewachsen, und der andere Finger, in den Papi tief reingesägt hatte, war ja nicht ganz ab, das würde also auch heilen. Mami sagte, falls Papi mit irgendeinem Werkzeug zufällig mal Dirk oder mich erwischte, würde sie ihre drei Kinder einpacken und ihn verlassen. Ich schätze, die Aufziehrennbahn können wir dann gleich mitnehmen, weil, Papi würde ohne uns höchstens eine Woche überleben. Er würde kein Essen finden, keine Liebe und keine frische Unterwäsche, und den Rest erledigt bestimmt die Melancholie.

Bis wir mit dem Bauen endlich fertig waren, war auch schon der Herbst da, denn Papi brauchte fast zwei Monate. Er hatte ja nur an den Wochenenden richtig Zeit, und dann hämmerte er manchmal nur ein, zwei Bretter fest, bevor er irgendwo anders drauf hämmerte, und das war's dann erst mal wieder für zwei Wochen, bis das Pflaster oder der Verband abgemacht werden durfte.

Ohne den Flaschenzug und die beiden Leitern wäre gar nichts gegangen. Der Flaschenzug war oben im Baum befestigt, über dem Fenster, durch das man zur Lahn gucken konnte. Es war von allen Fenstern das größte, deshalb passte da am besten alles durch. Das Seil konnte man innen an einem Haken befestigen, aber meistens baumelte es draußen rum, mit so viel Abstand vom Fenster, dass Dirk und ich nicht dranreichten. Das musste so sein, damit sperrige Sachen nicht von unten gegen das Haus schlugen oder sich verkeilten. Manchmal blieben auch die Seile zwischen den Flaschen stecken, so dass man sie nur mit viel Kraft wieder in die Gänge bekam, das war eine quietschige Angelegenheit. Dann nahm Papi sich vor, die Winde endlich zu ölen, das vergaß er nämlich ständig, bis sie wieder steckenblieb und er es sich wieder vornahm und wieder vergaß.

Von den beiden Holzleitern stand die längere fest in den Hang gedrückt. Am ersten richtig starken Ast, in über zwei Metern Höhe, war sie mit einem sehr dicken Nagel befestigt, von dem Papi meinte, solche Nägel würden in Amerika sogar die Hochhäuser zusammenhalten. Man kletterte also auf den starken Ast, machte zwei Schritte nach links, und dann ging es über die kürzere Leiter weiter rauf und durch eine Bodenluke genau ins Baumhaus.

Drinnen war das Haus Spitzenklasse. Drei Seiten hatten Fenster – das große, den Hang runter Richtung Fluss, mit dem Seil davor, dann noch ein kleines zur Seite hin, und wieder ein größeres den Hang rauf in Richtung Wohnhaus. Es konnten spielend fünf oder sechs Kinder hier oben übernachten, so geräumig war es, und man stieß nirgends mit dem Kopf an. Das Dach war angeschrägt und mit Dachpappe benagelt, damit der Regen ablaufen konnte. Seitlich im Boden war die Einstiegsluke, und durch die quetschten wir uns am Einweihungstag endlich einer nach dem anderen durch.

Es war ein windiger Nachmittag, als Richard, Susanne und Christiane zur Einweihung kamen. Die Bäume ächzten und knarrten leise im Wind, buntes Laub trudelte durch die Lüfte, und Mami sagte später, sie hätte eigentlich ahnen müssen, dass das nicht gut ausgeht, und dass sie sich für immer große Vorwürfe machen würde, aber Papi hoffentlich auch, weil der sich nämlich dieses beknackte Baumhaus ausgedacht hatte, und wie ähnlich es ihm sähe, dass er genau an dem Tag, als ihr mal wieder alles um die Ohren flog, auf Betriebsausflug war!

Dabei fing alles ganz friedlich an. Alle hatten ihre Schlafsäcke dabei. Weil die Mädchen Vater-Mutter-Kind spielen wollten, brachte Susanne das Küchenzeugs aus ihrer Puppenstube mit, und Christiane hatte eine passende Puppe dabei, die hieß Dolores.

So einen komischen Namen hab ich noch nie gehört, sagte ich zu Christiane. Wir gingen durch den wirbeligen Wind den

kleinen Trampelpfad runter, der sich bei den Bauarbeiten ge-
bildet hatte. Selber schuld, sagte Christiane, das ist nämlich so
ziemlich der öfteste Name der Welt, zum Beispiel auf Mallorca.
Mallorca war eine Insel im Mittelmeer für reiche Leute, wo sie
mit ihren Eltern in Urlaub gewesen war, und die hatten ihr dort
die Puppe gekauft.

Ich fand sie doof, die Dolores. Es fehlte ihr ein Schuh, der
war ihr bei einer stundenlangen Fahrt mit dem Schiff um ganz
Mallorca herum vom Fuß gerutscht und im Mittelmeer abgesoffen. Dolores lächelte nicht, und ihre lockigen braunen Haare
waren nur eine ganz schlecht befestigte Perücke und fühlten
sich an wie Plastikstroh. Darunter war eine Glatze, die genau
aussah wie die von Björn. Sie hatte ein Kleid an, das war knallrot mit mindestens zehn rosafarbenen Unterröcken. Die konnte
ich sehen, als Christiane mit Dolores im Huckepack vor mir die
Leitern rauf kletterte. Richard und Susanne waren schon oben.
Nur Dirk blieb noch unten, bis wir zuletzt die Schlafsäcke und
alle Rucksäcke mit dem quietschenden Flaschenzug hochgezo-
gen hatten.

Der Wind pfiff durch die Ritzen in den Hüttenbrettern. Dirk
kam rauf und half Susanne beim Aufstellen der Puppenküche
und sagte dabei, das wäre alles supertoll, und er wäre also jetzt
der Vater von der Dolores. Ich verstand nicht, was er an der
langweiligen Puppe fand, aber ich war froh, dass er nur Papa
sein wollte. Ich hatte nämlich schon befürchtet, dass er lieber
Mama spielen wollte und dass es dann Streit geben würde, weil
ja mit Susanne sowieso schon eine Mutter zu viel im Haus war.

Richard, der Puppen genauso langweilig fand wie ich, hatte sein Fernrohr mitgebracht. Wir wollten damit über die Lahn gucken und nachts in die Sterne. Er stellte es beim großen Fenster hangabwärts ab und guckte dann raus, und plötzlich rief er, seht mal, wie da unten der Boden aufgewühlt ist, das waren bestimmt Wildschweine! Alle stürzten ans Fenster und schauten runter, nur Dirk und ich grinsten uns heimlich an. Die Aufwühlung stammte nämlich nicht von Wildschweinen, sondern von Papi. Der hatte sich da unten im Laub rumgewälzt, nachdem er sich in den Finger gesägt hatte, aber wenn alle an Wildschweine glaubten, würde die Übernachtung viel gruseliger und lustiger.

Susanne fragte gerade, ob einer von uns ein Gewehr hätte, dann könnten wir eines von den Wildschweinen abballern, wegen Schweinebraten für Dolores, als von unten die Stimme von Mami nach oben klang. Kinder, rief sie, ich muss nochmal zum Supermarkt, sonst kann ich euch nichts kochen! Björn schläft noch, aber passt ihr trotzdem so lange im Haus auf ihn auf?

Auf Björn aufzupassen war kein Problem. Wenn er wach wurde, gab man ihm sein Fläschchen, und Windeln wechseln konnten Dirk und ich inzwischen perfekt.

Was kochen Sie uns denn? rief Christiane nach unten.

Saure Fautzmauken mit Nuniferzeln, rief Mami nach oben.

Ach, die gab's bei uns gestern, rief Christiane zurück.

Das war gelogen. Saure Fautzmauken gab es auf der ganzen Welt nur bei uns, aber wenn ich das sagte, würde Christiane behaupten, stimmt nicht, das wäre das Lieblingsessen der

Einwohner von Mallorca. Aber in Wirklichkeit hatte Mami die Fautzmauken für Dirk und mich erfunden, und außerdem noch Kockolore Kastafjore, das war ein leckerer ungesunder Nachtisch ohne Obst.

Wir machen das mit Björn, rief Susanne durch das Windgeheule nach unten, und Mami rief zurück, gut, aber wenn es noch stürmischer wird, geht ihr alle ins Haus, das könnte sonst gefährlich werden.

Sie war kaum losgefahren, da kletterten Susanne und Dirk auch schon wie zwei Eichhörnchen die Leitern runter, um sich um ihr neues Kind zu kümmern. Das hatten sie nämlich sofort entschieden, dass ein echtes Baby viel toller für ihre Familie war als eine Puppe. Christiane überlegte nur kurz, dann drückte sie Richard die Dolores in den Arm und kletterte ebenfalls die Leitern runter.

Richard wartete, bis sie außer Sichtweite war. Dann guckte er in völliger Verachtung Dolores an und warf sie aus dem Seitenfenster. Ich wollte sie noch festhalten, erwischte sie aber nur bei ihrer Perücke. Es machte ratsch, die Perücke riss ab, und weg war die Dolores. Richard und ich stürzten ans Fenster. Wo die Puppe unten gelandet war, erkannte man bloß an ihrem Glatzkopf, weil die Unterröcke die Farbe vom Herbstlaub hatten. Wir holen sie später wieder rauf, sagte Richard, aber jetzt stellen wir erst das Fernrohr auf.

Der Wind pfiff und heulte jetzt dermaßen, dass wir schon ganz laut reden mussten, um uns zu verstehen. Es dauerte eine Weile, bis das Fernrohr fertig zusammengebaut war, und wir

waren gerade fertig, als plötzlich Dirk durch die Bodenluke ge-
klettert kam, gefolgt von Susanne und Christiane.

Was ist denn mit Björn, rief ich durch das Windgeheule,
und die Mädchen grinsten nur und Dirk auch. Er ging zum
großen Fenster, löste das Seil vom Haken und begann daran zu
ziehen. Da schwante mir schon was.

Da hängt doch wohl nicht Björn am Flaschenzug, rief ich.

In seiner Tragetasche, rief Susanne begeistert und begann
aufzuzählen: Mit Fläschchen, Windeln, Creme, drei Bilderbü-
chern –

– und mit Tobi, rief Christiane dazwischen –

– genau, machte Susanne weiter, weil, in der Wohnung
konnten wir die beiden nicht lassen. In *Der Zauberer von Oz*
ist auch das ganze Haus weggeweht, und du willst doch wohl
nicht der bösen Hexe des Westens mit ihren fliegenden Affen
begegnen!

Oder den Wildschweinen, rief Christiane. Sie schaute sich
ängstlich um, als hätte es ein fliegendes Wildschwein bis ins
Baumhaus geschafft, und dann rief sie noch lauter: Wo ist meine Dolores?

Richard und ich guckten uns an, und in dem Moment schrie
Dirk, kommt mal alle, kommt schnell, das Seil steckt fest!

Sein Gesicht war knallrot, und er zog und zerrte an dem
Seil, aber es tat sich nichts. Wir guckten alle zum Fenster raus.
Björns himmelblaue Tragetasche hing unten am Seil und bau-
melte im Wind, wenigstens zwei Meter hoch über dem Abhang.
Da würden wir niemals drankommen!

Nun helft doch endlich mal, brüllte Dirk, also stellten wir uns alle hintereinander, wie beim Tauziehen, und zogen und zerrten an dem Seil, aber es tat sich nichts. Mir war ganz schlecht.

Der Wind war jetzt ein Sturm und richtig schlimm. Irgendwo über uns knackte und krachte es. Ein kleiner Ast fiel am Fenster vorbei nach unten. Ich beugte mich schnell nach draußen. Der Ast segelte an Björn vorbei, aber inzwischen schaukelte der Sturmwind die Tasche wie wild hin und her, und zusätzlich drehte sie sich dabei auch noch um sich selber. Ich versuchte, an das abwärts hängende Seil zu gelangen, streifte es aber bloß mit den Fingern. Mit dem Baby, dem Meerschweinchen und dem halben Kinderzimmer drin war die Tasche sowieso viel zu schwer, um sie ohne Flaschenzug hochzukriegen.

Das hast du ja prima hingekriegt, schrie Richard Dirk an, ein toller Vater bist du!

Ich kann wenigstens Vater werden, im Gegensatz zu dir, schrie Dirk zurück. So klein, wie du bist, kriegst du nämlich höchstens Zwergenkinder, und auf denen trampeln dann alle so lange rum, bis du ausgestorben bist! Richard brüllte, ich bin nicht zu klein, und Dirk brüllte zurück, natürlich bist du zu klein, sonst hätten wir ja unten keine Leiter an den Baum lehnen müssen!

Das war total ungerecht und übertrieben noch dazu, schließlich war ja keiner von uns fast drei Meter groß. Aber Dirk war in Fahrt und Richard auch, und Richard schrie, das wollen wir doch mal sehen, ob ich als einziger die Leiter brauche! Im nächsten Moment war er auch schon durch die Bodenluke geschwuppt, und im übernächsten Moment stemmte er sich unten gegen die Dreimeterleiter. Papis Hochhausnagel knarzte aus dem dicken Ast, und ich weiß noch, wie ich als Erstes dachte, O nein!, und als Zweites, dass in Amerika hoffentlich bloß keiner mal fest gegen eins von den Hochhäusern drückte. Als Drittes kippte nämlich die Leiter plötzlich seitlich weg. Sie fiel um und schlitterte ein gutes Stück den Hang runter.

Richard sah der Leiter verzweifelt nach. Es würde ewig dauern, sie wieder den Hang raufzubugsieren, und ob er sie dann aufstellen konnte, wusste man auch nicht, schwer, wie die Leiter war und klein, wie Richard war.

Dirk hatte inzwischen das nutzlose Windenseil an seinem Haken am Fensterrahmen befestigt und guckte runter zu Björn. Ist er wach, brüllte ich ihm von der Luke aus zu. Nee, der schläft, schrie Dirk zurück, und dann schrie er nochmal, als ein fürchterliches Knacken und Krachen ertönte, weil irgendwo in den Bäumen ringsum große Äste abbrachen. Christiane kreischte, das sind die Wildschweine, die Wildschweine kommen und holen euren Björn, und Susanne heulte, mein Baby, mein armes Baby! Am liebsten hätte ich auch geschrien, weil ich Angst hatte, dass Tobi wegen der schrecklichen Schaukelei die Tragetasche vollkotzen würde.

Der Baum mit unserem Haus drauf und mit uns im Haus drin fing an zu wackeln und zu ächzen und zu stöhnen. Dirk stürmte auf Susannes Puppenküche zu, packte sie und warf sie zum Fenster raus. Sofort vergaß Susanne ihr armes Baby. Hast du sie noch alle, schnauzte sie ihn an, was machst du denn da?

Ballast abwerfen, schrie Dirk zurück. Wir müssen das Baumhaus so leicht wie möglich machen, sonst gehen wir alle unter!

Ich hätte ihm gerne gesagt, dass wir nicht bei Seesturm auf einem Schiff über den Ozean trieben, sondern an einem Baum befestigt waren, aber ich wusste, das hat keinen Zweck. Als nächstes flogen die Schlafsäcke und Rucksäcke aus den Fenstern, während von draußen Millionen Blätter und Zweige reingeflogen kamen, dann folgte Richards Fernrohrköfferchen, und womöglich hätte Dirk auch noch Susanne und Christiane hinterher geworfen, wenn nicht plötzlich über unser Gekreische und das Heulen des Sturms eine durchdringende Hupe zu hören gewesen wäre.

Mami erzählte später, als wir alle in unserer warmen Küche saßen, sie hätte vom Supermarktparkplatz aus Björns himmelblaue Tragetasche aus dem Baumhausfenster bammeln gesehen und fast einen Herzinfarkt gekriegt. Sie war sofort zurück nach Hause gerast und sagte, das muss man sich mal vorstellen, da komme ich hier an und schlittere voller Panik den Hang runter, und aus dem Laub guckt der Glatzkopf von einem Baby raus! Und keine Leiter mehr an einem Baumhaus voller heulender Kinder! Fast bin ich verrückt geworden vor Angst!

Aber dann kam ich, sagte Richard und strahlte. Für die weggekippte Leiter, die er mit Mamis Hilfe zurück an den Ast gehoben hatte, hatte er sich längst bei uns entschuldigt, und die weggeworfene Dolores hatte er auch wieder eingesammelt. Die saß neben Christiane am Tisch, und bei mir auf dem Schoß schlummerte Tobi.

Ja, dann kam Richard mit seiner tollen Idee, sagte Mami.

Von der Luke und zu den Fenstern raus hatten wir alles gesehen: Wie Mami erkannt hatte, dass es Gott sei Dank nur die Dolores war, die vor ihr im Laub lag. Wie sie aufpasste, nicht auf dem Hang abzurutschen, während sie wie eine Verrückte herumsprang, um an Björns schlenkernde Tragetasche zu kommen, aber wie ihr immer genau die letzten Zentimeter fehlten. Wie Richard plötzlich an ihrer Hose zupfte und ihr was zurief, und wie Mami sich Richard schnappte, unter den Armen hochhob und auf die Schultern nahm. Wie die Tragetasche zwei, drei mal an Richards hoch, hoch, hoch ausgestreckten Armen vorbeiballerte, bis er sie endlich ergreifen konnte, und wie er sich mit seinem ganzen Gewicht dranhängte, bis der Flaschenzug endlich locker ließ und die Tasche mit Richard dran nach unten glitt, während Dirk von oben Seil nachließ.

Du wirst mal ein guter Vater, sagte Dirk jetzt zu Richard, und Richard grinste ihn an. Mami lud uns die Teller voll. Jeder kriegte vier Fautzmauken, aber eine blieb übrig, die kriegte Richard extra, für die Kinderrettung. Nur gut, dass du so groß bist, sagte Mami zu ihm, und wir alle lachten, und niemals wieder haben saure Fautzmauken mit Nuniferzeln besser geschmeckt als an diesem Abend, während draußen der Sturm tobte. Und auch wenn es unglaublich war: Björn hatte das alles von Anfang bis Ende verpennt und pennte immer noch.

FEIGE FRÜCHTE UND MUTIGE MÄNNER

Draußen lag wieder Schnee. Es war schon ein Jahr her, dass wir das Altersheim besucht hatten, als ein paar Wochen vor den Weihnachtsferien ein Neuer in unsere Klasse kam. Und weil Richard Grippe hatte, verpasste er alles.

Frau Weide, unsere Lehrerin, die sagte uns das schon ein paar Tage vorher, dass wir einen neuen Mitschüler kriegen würden und dass er ein Perser wäre und Bährus hieß.

Jörg sagte, meine Mutter hat auch einen Perser, der liegt bei uns im Wohnzimmer und heißt Auge des Orients.

Erst dachte ich, Jörg wollte uns veräppeln, aber Frau Weide erklärte uns dann, der Perser von Jörgs Mutter wäre ein Teppich.

Es gibt nämlich verschiedene Teppiche aus der ganzen Welt, und wenn die aus Persien kommen, heißen sie Perser. Persien ist ein Land ziemlich weit weg, irgendwo neben Afrika. Es hieß nur früher so, heute heißt es Iran. Es gibt im Iran eine ganze Menge Wüste, Öl, feige Früchte und eben diese Teppiche und die sind total teuer, weil sie massenweise Knoten haben. Und die Leute, die in Persien leben, die heißen auch Perser, genau wie die Teppiche, aber ohne Knoten. Ist so ähnlich wie ein Hamburger, der kann auch aus Hamburg kommen und ist ein echter Mensch oder von McDonald's, dann ist er hundert Prozent Rindfleisch.

Wir waren total gespannt auf den Neuen. Er kam an einem

Montag, als wir gerade Rechnen hatten. Es klopfte und dann ging die Tür auf und der Direktor, Herr Bartel, kam rein.

Herr Bartel war der kleinste Erwachsene, den ich kannte. Er hatte nur noch an ein paar Stellen Haare auf dem Kopf, die kämmte er immer in alle Richtungen, damit es nach mehr aussah. Er redete auch ganz witzig und hatte Mundgeruch. Das merkte man aber nur, wenn er einem direkt in die Augen guckte und sagte, nun, mein lüber Andreas, haben wür dü Hausaufgaben wüder nücht gemacht?

Herr Bartel kam also rein und sagte, Künder, jetzt krügt ühr einen neuen Mütschüler, vertragt euch und seid nett zu ühm. Er ging nach draußen in den Flur und sagte, also, Bährus, dann mal hüneinspazürt, und Bährus kam rein und Herr Bartel machte von außen die Tür zu.

Frau Weide führte Bährus direkt vor die Tafel, damit wir ihn alle sehen können. Er war so groß wie ich und hatte total krusselige schwarze Haare, ganz braune Haut und braune Augen und war ziemlich dick. Alle fingen an zu tuscheln. Frau Weide rief, Ruhe bitte, der Bährus stellt sich jetzt vor.

Da waren wir alle erst mal platt, der konnte nämlich total gut Deutsch!

Er sagte, ich heiße Bährus, das schreibt man B-E-H-R-U-Z und auf Persisch bedeutet das der schönste Tag. Dann sagte er, dass er in Persien auf eine deutsche Schule gegangen war, weil seine Mutter eigentlich Österreicherin war, und dass er gerne Sonnenblumenkerne kaute, und wenn er groß wäre, dann würde er Minister.

90

Der dicke Uli fing an zu lachen und sagte, klar, und wenn er groß wäre, dann würde er Bundeskanzler und Vogelfutter fressen.

Der Uli war eigentlich total nett, aber manchmal war er auch bescheuert und ein Angeber. Er wollte auch gar nicht Bundeskanzler werden, sondern Tänzer, und kriegte deswegen richtigen Ballettunterricht. In Sport rannte er manchmal durch die Turnhalle und machte dabei komische kleine Schritte und wackelte mit seinem Hintern. Einmal, als er versucht hatte sich ganz schnell auf seinen Zehenspitzen im Kreis zu drehen, war er tierisch auf die Schnauze gefallen und hatte sich einen Oberzahn abgebrochen.

Jedenfalls, Behruz guckte ihn an und sagte, wer mich verarscht, der kriegt dicke Ohren, damit das gleich klar ist, und wir fingen alle an zu lachen, außer Uli.

Frau Weide rief, Kinder, wer wird sich denn gleich streiten, und wurstelte an ihrer Perlenkette rum. Frau Weide war immer schrecklich nervös und hatte Angst, dass wir uns kloppten und schreckliche Dinge passierten, und dann brauchte sie ihre Kette, wegen der Aufregung.

Sie sagte zu Behruz, er solle doch mal seinen Namen an die Tafel schreiben, auf Persisch.

Das sah klasse aus, wie Behruz das schrieb, mit überall Schnörkeln und kleinen Strichen, die keine richtigen Buchstaben waren, aber lesen konnte man es doch.

Danach wollte Frau Weide Behruz neben Susanne setzen, dahin, wo eigentlich Christiane saß. Aber Christiane war wegen

Grippe zu Hause im Bett, genau wie Richard, und deswegen war ihr Platz frei.

Und schon gab es Ärger.

Behruz guckte Susanne an und sagte, niemals würde er sich neben ein Mädchen setzen, da würde er sofort Pickel bekommen, so blöde fände er die Weiber.

Susanne war beleidigt und fauchte zurück, prima, ich will auch nicht neben einem Matscho sitzen, der überall Pickel hat und den ganzen Tag Sonnenblumenkerne kaut.

Behruz schnauzte sie an, gleich hau ich dir so auf die Ohren, dass deine olle Zahnspange wegfliegt, und Susanne schrie zurück, trau dich doch, du Großmaul, dann schlag ich dir die Zähne ein und steck dir feige Früchte in die Nase!

Frau Weide hatte aus lauter Verzweiflung schon fast ihre Perlenkette verknotet. Es war mucksmäuschenstill in der Klasse geworden.

Aber Behruz guckte Susanne nur an und dann sagte er, sie wäre toll. Weil nämlich, Perser wären die mutigsten Menschen auf der Welt und deswegen fände er mutige Mädchen klasse, besonders wenn sie so hübsch wären wie Susanne. Und dass es keine feigen Früchte wären, sondern Feigenfrüchte, und er würde ihr gerne mal welche mitbringen.

Dann setzte er sich einfach neben sie und gab ihr die Hand und lächelte und ich wette, wegen seiner braunen Kulleraugen hat sich Susanne sofort in ihn verknallt, weil sie nämlich nichts mehr sagte und einen knallroten Kopf bekam.

Frau Weide war ganz erleichtert, dass es keine Schlägerei gegeben hatte. Sie sagte, nun, dann können wir ja fortfahren mit dem Unterricht.

Es passierte nichts mehr in dieser Stunde.

Aber jeder guckte zwischendurch ab und zu neugierig auf Behruz, wie er die Rechenaufgaben von der Tafel abschrieb, als wäre er schon seit ewig in unserer Klasse und würde dazugehören.

Am nächsten Tag hatte Frau Weide einen Unfall mit ihrem alten VW Käfer.

Die Straßen waren ganz rutschig an diesem Morgen, wegen Glatteis, weil der Schnee am Tag vorher ein bisschen getaut und nachts wieder gefroren war. Deshalb konnte die Weide ihre alte Klapperkiste nicht bremsen, als sie die Bergstraße runterfuhr. Sie schlitterte volle Kanne über die Hauptstraße in die Metzgerei von Gelbeckes, und zwar genau durch das große Schaufenster, das bis zum Boden runterging.

Der Käfer fetzte den Gewürzständer und den Mikrowellenherd um und donnerte gegen die Theke und rundrum war alles voller Scherben.

Frau Gelbecke hat später erzählt, zum Glück wäre noch keine Kundschaft im Laden gewesen und so wäre nur der kleine Adventskranz von der Ladentheke runter ins Schweinegulasch gefallen und ein paar Mayonnaisegläser wären zerkracht. Eigentlich wäre es sogar ganz witzig gewesen, sagte Frau Gelbecke, weil sie gesehen hatte, wie Frau Weide das Lenkrad losgelassen und schon wie eine Verrückte gekreischt und an ihrer Perlenkette rumgerissen hätte, *bevor* sie durch das Fenster gefahren kam.

Frau Weide war auch überhaupt nichts passiert, weil sie angeschnallt gewesen war, aber sie hatte einen Schock. Sie stieg nämlich aus dem Auto aus und ging an die Theke, wo die total erschreckte Frau Gelbecke stand, und wollte von ihr ein halbes Schwein kaufen, für ihre Schwester zu Weihnachten. Frau Gelbecke sollte es doch bitte ein bisschen nett verpacken, mit Glitzerpapier und Schleifchen und so, und noch ein paar Bratwürstchen dranhängen, damit die Schwester nicht dachte, es wäre wie bei armen Leuten.

Dann riss ihre Kette und überall kullerten Perlen über den Boden von der Metzgerei.

Jedenfalls, wegen des Schocks konnte Frau Weide nicht zur Schule kommen.

Also kam an diesem Morgen Herr Bartel in die Klasse rein und sagte, Künder, nehmt eure Lesebücher raus und seid ruhüg. Nächste Stunde unterrüchtet euch Frau Zenker und büs dahün macht keinen Quatsch.

Kaum war Herr Bartel aus der Klasse draußen, da stand Uli von seinem Platz auf.

Er rief, hey, Perser, und es wurde ganz still in der Klasse.

Behruz guckte Uli an, der auf ihn zuging wie ein Cowboy im Western, wenn er in eine Bar geht. Ich dachte, jetzt gibt's eine Klopperei. Aber Uli stellte sich vor Behruz und sagte, wenn du wirklich so mutig bist, wie du gesagt hast, und nicht nur ein Großmaul, wie wär's dann mit einer Mutprobe, Minister?

Behruz sagte, kein Problem, Bundeskanzler, was soll's denn sein?

Da grinste Uli und sagte, Behruz sollte aus einem von den zwei großen Fenstern von unserem Klassenzimmer klettern und über das Fenstersims an der Gebäudewand entlang bis zum nächsten Fenster laufen.

Alle schnappten nach Luft. Nämlich, erstens lag unsere Klasse im vierten Stock vom Schulgebäude und bis runter auf den Schulhof waren es mindestens zwölf Meter. Zweitens waren die Fenster so verteilt, dass Behruz um eine Ecke musste, damit er von dem einen Fenster zum anderen kommen konnte. Drittens lag auf dem Sims Schnee. Viertens war das Fenstersims nur ganz schmal, gerade mal zwanzig Zentimeter. Und fünftens schneite es wie verrückt und es war ganz schön windig.

Jedenfalls, mir hätte schon erstens gereicht, um nicht aus dem Fenster zu klettern, und ich glaube, Behruz war auch nicht so richtig begeistert.

Susanne sagte zu Uli, das wäre eine prima Idee mit der Kletterei, er könnte es ja mal vormachen, sie würde dann den Fettfleck vom Schulhof aufwischen, wo Uli aufknallte. Und er und Behruz wären Matschos, wenn sie das machen würden, und doofe Angeber und lebensmüde.

Aber Uli beachtete Susanne gar nicht. Er guckte nur Behruz an und Behruz guckte Uli an und es war immer noch wie im Western.

Und dann sagte Behruz, okay, du Speckwalze, aber wenn ich das schaffe, dann machst du es nach.

Das mit der Speckwalze fand ich klasse, obwohl Behruz genauso dick war wie Uli. Und die Idee von Behruz fand ich auch klasse. Uli wurde nämlich ganz blass im Gesicht und ich dachte, er kneift und dass dann Behruz nicht über das Sims laufen müsste und alles wäre in Butter und wir könnten zusammen Sonnenblumenkerne essen.

Aber stattdessen sagte Uli, abgemacht, Körnerfresser, dann fang mal an.

Und Behruz stand auf und ich hatte ein Gefühl im Bauch, als ob ein Schwarm Fische drin rumschwimmen würde. Keiner sagte was, als er das Fenster aufmachte und dann auf einen Stuhl stieg und raus auf das Sims kletterte.

Und keiner achtete darauf, dass Susanne aus der Klasse schlich, weil ja alle auf Behruz schauten.

Gott sei Dank waren seine Schuhe nicht rutschig. Behruz machte ein paar Schritte nach rechts, bis er richtig an der Hauswand klebte, ohne das Fenster im Rücken. Die ganze Klasse drängelte und drückte sich jetzt zusammen, weil jeder was sehen wollte. Uli stand ganz vorne und guckte auf Behruz und biss sich dabei auf die Lippen.

Wir hielten alle die Luft an.

Mittlerweile fand ich die ganze Mutprobe ziemlich bescheuert und ich hatte Angst, dass Behruz runterfallen könnte. Dann wäre er tot und wir wären schuld, weil keiner ihn aufgehalten hatte, und seine Eltern wären sauer, weil er nicht Minister würde.

Mir war ganz schlecht.

Behruz war jetzt schon fast an der Ecke angekommen, wo es um die Hauswand herumging. Er hatte den Rücken und die Arme ganz flach an die Wand gepresst und machte kleine Schritte zur Seite, wobei er den Schnee vom Sims schob, weil er die Füße nicht hochhob. Er guckte geradeaus und kein einziges Mal nach unten.

Wenn er das getan hätte, hätte er gesehen, dass unten plötzlich Herr Bartel stand und neben Herrn Bartel Susanne. Schneeflocken wirbelten um die zwei herum und die Haare von Herrn Bartel flogen in alle Richtungen um seinen Kopf.

Er rief, Junge, geh sofort von dem Süms runter ün dü Klasse zurück!

Susanne schrie auch irgendwas, aber man konnte es nicht richtig hören.

Behruz blieb stehen.

Und durch die Schneeflocken, die um ihn herumwehten, konnte ich sehen, wie er weinte.

Das ist nämlich so: Erst ist man mutig, und solange man keine Angst hat, klappt alles prima. Und dann kriegt man plötzlich doch Angst und es geht gar nix mehr. Und wenn man dann gerade zwölf Meter über der Erde auf einem Fenstersims steht, ist es ein ganz schöner Scheiß, weil man sich nicht mehr bewegen kann.

Uli sah auch, dass Behruz weinte und wie unten Herr Bartel wie ein Verrückter rumsprang und wie Susanne jetzt auch heulte.

Jemand fragte, was machen wir bloß?

Da holte Uli tief Luft und sagte, also, weil er schuld wäre an dem Mist, würde er jetzt Behruz zurückholen. Und schon stand er draußen auf dem Fenstersims.

Unten kreischte Herr Bartel wie Oma, wenn sie einen von ihren Herzinfarkten kriegte. Vielleicht dachte er, der Rest der Klasse würde auch noch rausklettern, jedenfalls rannte er zurück ins Gebäude.

Susannes Stimme piepste von unten rauf, der Bartel würde die Feuerwehr holen.

Mann, das war bestimmt das Spannendste, was ich jemals erlebt habe, und ich ärgerte mich, dass Dirk und Richard nicht dabei waren. Jetzt kamen auch noch andere Lehrer nach draußen auf den Schulhof und überall guckten Schüler aus den Fenstern. Alle kreischten wild durcheinander und dann flog die Tür vom Klassenzimmer auf und Herr Holm, unser Sportlehrer, kam reingerannt.

Er brüllte, wir wären ja wohl alle verrückt geworden oder was, und rannte an das offene Fenster, wo massenweise Schneeflocken reinflogen.

Da beugte er sich raus und rief Uli und Behruz zu, sie sollten sich bloß nicht bewegen.

Hätte er nicht zu sagen brauchen.

Uli stand nämlich mittlerweile neben Behruz und weinte auch. Beide hielten sich an einer Hand fest und ich konnte sehen, wie Ulis Beine zitterten.

Da standen sie bestimmt fünf Minuten, während Herr Holm auf sie einredete, sie müssten tapfer sein, gleich käme Hilfe. Herr Bartel stand wieder unten auf dem Schulhof und rannte zwischen den anderen Lehrern hin und her und Susanne rannte hinter Herrn Bartel hin und her und es war das totale Durcheinander.

Dann hörte man das Heulen vom Feuerwehrwagen, das immer lauter wurde, und dann ging alles wahnsinnig schnell. Der Wagen schlitterte mit Blaulicht über den Schulhof und Feuerwehrmänner sprangen raus. Ein paar spannten ein riesiges Sprungtuch auf, genau unter Behruz und Uli, und ein paar andere begannen die Feuerwehrleiter auszufahren.

Ich dachte, Gott sei Dank, weil ich schon Angst gekriegt hatte, dass Behruz und Uli auf dem Sims festfrieren und dann zuschneien würden, weil es so kalt draußen war. Ich schaute zu den beiden rüber, wie sie sich immer noch an der Hand hielten und zitterten.

Und plötzlich hörten beide auf zu zittern. Behruz guckte runter auf das Sprungtuch. Uli guckte auch runter auf das Sprungtuch. Und ich sah genau, wie die beiden sich plötzlich angrinsten.

Ich glaube, ich habe geschrien, so wie alle anderen auch, als Behruz und Uli die Augen zukniffen und vom Fenstersims hinunter in die wirbelnden Schneeflocken sprangen.

Am nächsten Tag kamen Behruz und Uli nicht zur Schule, weil sie beide Schnupfen hatten. Aber ihre Eltern mussten zu Herrn Bartel gehen und sich anhören, was für verrückte Söhne sie hätten. In der vierten Stunde kam Herr Bartel dann in unsere Klasse und er war mordsmäßig sauer. Frau Weide war auch wieder da, und als Herr Bartel rumschimpfte, wusste sie nicht, wohin mit ihren Händen, weil ja ihre Perlenkette in der Metzgerei draufgegangen war und sie noch keine Zeit gehabt hatte, eine neue zu kaufen.

Herr Bartel sagte, schöne Mütschüler wären wür, dü so einen Blödsünn mütmachten. Er sagte, üch bün doch nücht Dürektor geworden, um ürgendwann wegen ürgendwelcher kleinen Üdüoten in der Ürrenanstalt zu landen. Und er sagte, manchmal üst es vül mutüger, Nein zu sagen anstatt beweisen zu müssen, wü toll man üst, ündem man an Häusern rumklettert und ün Sprungtücher hüpft.

Ich fand schon, dass Herr Bartel Recht hatte.

Aber trotzdem fand ich es auch total mutig, in das Sprungtuch zu hüpfen, und das sagte ich Behruz, als ich ihn nachmittags zusammen mit Susanne besuchte.

Wir waren gerade fünf Minuten da und saßen bei Behruz am Bett, wo er unter mindestens zehn Decken lag, als es an der Haustür klingelte.

Draußen stand Uli und fragte, ob er reinkommen dürfte. Er hatte einen dicken Schal um den Hals und sah verheult aus, weil er Krach mit seinen Eltern gehabt hatte. In der einen Hand hielt er einen Beutel mit Sonnenblumenkernen, in der anderen eine Tüte mit Feigenfrüchten.

Die haben wir alle aufgegessen und dabei persischen Tee getrunken und viel gelacht, als Behruz und Uli abwechselnd erzählten, wie es sich anfühlt, wenn man durch die Luft fliegt, mit Schnee drum rum und allem und sich dabei vor Angst fast in die Hose pinkelt. Und ich fand es mal wieder typisch, wie sich zwei Kinder erst nicht leiden können, und auf einmal sind sie dicke Freunde.

Ziemlich *dicke* Freunde.

SCHWEINE, LEITERN, MISCHMASCHINEN

Im folgenden Sommer starb eine Tante von Papi und vererbte ihm ein Haus in der Stadt. Das Haus hatte schon lange leer gestanden, weil diese Tante ganz woanders gewohnt hatte.

Papi erzählte, er hätte diese Tante nicht leiden können und sie ihn auch nicht, deswegen hätte er sie auch nie besucht. Das Haus hätte sie ihm bestimmt nur deshalb vermacht, weil sie Papis restliche Familie noch weniger leiden konnte.

Jedenfalls, Papi und Mami hatten sich entschlossen, das Haus zu renovieren und umzuziehen, und an einem Wochenende im Juni stiegen wir alle ins Auto und fuhren zur Besichtigung von Papis Erbe.

Unser neues Haus stand fast am Ende der Straße und es war das hässlichste Haus, das ich je gesehen hatte. Ich erkannte es aber gleich wieder, weil ich zwei Wochen vorher zusammen mit Dirk fast alle Scheiben mit der Flitsche eingeballert hatte. Ich fand das nicht schlimm, weil, es war sowieso total im Eimer, eine richtige Bruchbude. Überall bröckelte der Putz ab und es lagen auch lauter Ziegel rum, die vom Dach gefallen waren.

Papi grinste und war sehr stolz. Er sagte, so, das ist also unser neues Zuhause und wie wir es fänden. Ich fand es bescheuert, aber ich sagte nichts.

Dann gingen wir alle rein und standen im Flur rum und Mami sagte, es sähe hier aus wie bei Hempels unterm Sofa.

Ich kannte diese Hempels nicht, aber ich dachte, die sind bestimmt so richtige Schlampen! Drinnen war nämlich alles kaputt und dreckig. Überall hingen Tapetenfetzen und Spinnweben von den Wänden runter. Es roch auch ganz vermodert, so ähnlich wie in Tobis Stall, als er grüne Knete gefressen und davon Durchfall gekriegt hatte.

Im Erdgeschoss gab es außer dem Flur drei Zimmer und eine Küche und ein Bad. Überall lag Gerümpel rum. Am liebsten hätten Dirk und ich gleich alles durchsucht, aber wir durften nicht.

Ich fand es komisch, dass Papi die ganze Zeit grinste, aber er hatte wohl auch keine Angst, dass ihm die Decke auf den Kopf fallen könnte, so wie ich.

Dirk fand alles toll. Er sagte, die ganzen Spinnweben und der Staub und das Geknarre vom Fußboden wären wie im Schloss von Dornröschen nach seinem hundertjährigen Schlaf.

Mami meinte, er hätte völlig Recht, weil die letzten hundert Jahre garantiert keiner hier geputzt hätte.

Nach oben ging es über total morsche Treppenstufen. Auf denen konnte man rumwippen, so bogen die sich durch. Papi ging vor, dann Mami mit Björn auf dem Arm und dann Dirk.

Ich blieb erst noch stehen, weil ich warten wollte, ob vielleicht das Treppenhaus einstürzte. Dann wäre ich ein Waisenkind gewesen, ohne alles, nur mit dem blöden Haus, und wahrscheinlich wäre ich verhungert. Oder Onkel Alfred hätte mich adoptiert. Oder Tante Gertrud. Oder womöglich Tante Marianne. Auf jeden Fall wäre ich lieber verhungert.

Aber nichts passierte, als alle die Treppen hochstapften, also ging ich hinterher.

Oben war noch mehr Schmutz und Gerümpel als im unteren Stockwerk, aber Papi grinste immer noch.

Mami sagte, das Haus wäre eine einzige Mülltonne, man sollte es besser abreißen und ein neues bauen.

Sie hatte Björn auf den Boden gesetzt und er brauchte keine zehn Sekunden, um sich mit Dreck einzuschmieren.

Mami nahm ihn schnell wieder auf den Arm und sagte zu Papi, na hervorragend, jetzt hätte das Kind mehr Krankheitserreger abgekriegt als Europa während der Pest! Ich glaube, es ging ihr auf die Nerven, dass Papi dauernd grinste.

Es gab vier Zimmer und Papi sagte, also, die eine Wand wird durchgebrochen, dann haben wir ein großes Wohnzimmer, und die anderen beiden Zimmer sind für Dirk und Andreas.

Er lief hin und her und tat so, als würde er mit seinen Armen alles abmessen. An der Wand, die durchgebrochen werden sollte, klopfte er gegen den Putz. Ganz schön stabil, sagte er, das wird ein harter Brocken Arbeit.

Er klopfte noch mal gegen die Wand und es bröckelte und Papi grinste nicht mehr, sondern guckte sehr nachdenklich. Als er zum dritten Mal auf die Wand schlug, haute er ein riesiges Loch rein, so groß wie eine Haustür. Es krachte und jede Menge Steine fielen auf den Boden.

Ich dachte, jetzt stürzt doch alles zusammen, und wünschte

mir, ich wäre unten geblieben. Es gab aber nur eine dicke Staub-wolke.

Papi meinte, alles halb so wild, und lachte.

Mami kniff die Lippen ganz komisch zusammen.

Wir gingen wieder nach unten. Dirk stieß einen Tarzan-schrei aus und sprang die letzten Stufen runter in den Flur. Das hätte er besser gelassen. Es knirschte kurz und schon brach er in den Fußboden ein, mit beiden Füßen gleichzeitig. Es war nicht tief und Dirk steckte auch nicht fest, aber er heulte trotzdem.

Mami meinte, das Haus wäre eine verdammte Todesfalle! Papi wollte bloß ihre Lebensversicherung kassieren und er sollte sich nur nicht einbilden, es wäre einfach, drei Söhne ohne Mut-ter aufzuziehen.

Aber Papi sagte, einem geschenkten Gaul schaut man nicht ins Maul, und ich dachte, klasse, wir kriegen auch noch ein Pferd!

Mami hat mir später erklärt, das wäre ein Sprichwort. Der Gaul wäre das Haus, und weil es umsonst wäre, dürften wir nicht motzen. Das wäre, wie wenn man ein Pferd ohne Zähne geschenkt kriegte, da dürfte man auch nicht motzen. Ich wuss-te, wie Oma ohne Zähne aussah, und das Pferd tat mir sehr leid.

In den Keller konnten wir nicht von oben, weil der Nach-bar, der das Haus verwaltet hatte, Herr Grau, der hielt darin Schweine. Mami sagte, es kommt absolut nicht in Frage, dass jemand die Kellertür im Flur aufmacht. Schlimm genug, dass es hier schon aussieht wie im Schweinestall, da muss es nicht auch noch so stinken!

Also gingen wir durch den Garten, da gab es noch eine Außentür und durch die ging es in den Keller.

Der erste Raum war sehr groß und das meiste davon war der Schweinestall, mit rundrum Gittern. Es waren fünf Schweine drin, alle rosa und noch ziemlich klein und mit Ringelschwanz und allem Drum und Dran.

Mami und Papi guckten sich überall um. Papi sagte, schöne Schweinerei, haha, der ganze Kellerboden müsste neu betoniert werden, wenn die Schweine erst mal draußen wären.

Dann ging er mit Mami in den nächsten Raum.

Dirk und ich, wir guckten uns die Schweine an. Dirk rümpfte die Nase. Sie stanken wirklich heftig und waren auch ganz schön dreckig, aber ich fand es okay und Björn auch.

Die Schweine waren echt klasse, aber ziemlich dumm, glaube ich. Als ich nämlich Björn über die Gitterstäbe hob und auf eins draufsetzte, damit er reiten konnte, rasten sie total aufgeregt hin und her. Björn fiel von dem Schwein runter mitten in den Dreck, weil er sich nicht an dessen Ohren festgehalten hatte. Das Schwein rannte zu seinen Kumpels, die alle zusammengequetscht in einer Ecke standen.

Björn krabbelte zu ihnen, von einem Schweinehaufen zum nächsten, und da dachten sie wohl, er wäre einer von ihnen. Eines wurde richtig mutig. Es ging zu Björn und schnüffelte an ihm rum.

Björn sagte Ata Ata und steckte ihm einen Finger in den Rüssel.

Ruck, zuck war wieder der Teufel los, weil das Schwein losquietschte und zurück zu den anderen rannte. Die quiekten dann auch, und da kamen Mami und Papi zurück und sahen Björn in dem Schweinedreck und schrien, und Dirk und ich schrien auch, und Björn fing an zu heulen, und es war ein Höllenlärm.

Papi sprang über das Gitter, wie in einem Krimi, aber er landete genau in einem Haufen Mist, rutschte aus und fiel in den Dreck. Die Schweine stürmten alle quiekend aus der Ecke raus und wild durcheinander.

Ich dachte, super, jetzt gibt es eine Schlammschlacht! Aber Papi rappelte sich auf und packte Björn unter einen Arm und war ganz schnell wieder draußen.

Mami schrie die Schweine an, sie würde aus jedem persönlich lauter kleine Würste machen und aus dem blöden Nachbarn gleich dazu.

Dann umarmte sie Björn und Papi, und Dirk und ich waren die Einzigen, an denen kein Schweinemist klebte.

Ein paar Wochen später sah alles schon ganz anders aus.

Das ganze Gerümpel war weggeräumt. Im oberen Stockwerk hatten wir alles aus den Fenstern raus in den Garten geschmissen. Das wurde dann auf einen Anhänger geschippt und zur Müllkippe gefahren. Wir hatten auch neue Fußböden verlegt und neue Kabel, weil es zu wenig Strom gab. Es waren neue Fenster eingebaut und Heizungen und im Bad war auch alles neu.

Nur einziehen konnten wir noch nicht, weil erst tapeziert

werden musste. Der Keller war auch noch nicht fertig, weil die Schweine immer noch drin wohnten. Herr Grau hatte aber endlich eine Unterkunft für sie gefunden und sie sollten jetzt auf einen Bauernhof gebracht werden.

Dirk und ich wollten eins behalten, um Björn das Reiten beizubringen, und außerdem könnte es mit Tobi spielen.

Aber Mami sagte, von den dummen Schweinen bleibt keins im Haus! Das wäre zu gefährlich für Björn und Tobi, weil sie beide total platt gewalzt werden könnten. Sowieso hätte sie keine Lust, den Rest ihres Lebens in einem Haus zu wohnen, das nach Schwein stinkt, und außerdem brauchten wir den Keller selber.

Es war klasse, als die Schweine abgeholt wurden.

Der fette Herr Grau kam mit einem großen Anhänger. Der passte leider nicht in den Garten.

Papi sagte, na gut, dann müssten wir die Viecher eben bis an die Straße treiben und dort in den Hänger verfrachten.

Ich fand die Idee von Anfang an ziemlich blöd, aber auf Kinder hört ja keiner. Weil, wenn ein Schwein einen Anhänger sieht, denkt es doch sofort, dass es jetzt abgeht zum Metzger. Da ist es doch nicht so bescheuert und klettert da freiwillig rein!

Papi und Herr Grau machten von Anfang an wirklich alles falsch. Erwachsene sind eben manchmal einfach zu doof. Statt nämlich jedes Schwein einzeln aus dem Keller zu holen, brachten sie alle auf einmal raus.

Dirk und ich guckten zu.

Die Schweine verließen hintereinander den Keller. Sie waren

aufgeregt, weil sie ja noch nie draußen gewesen waren, und bestimmt hatten sie auch Angst. Auf jeden Fall waren sie noch gar nicht richtig auf der Straße, da grunzten sie wie verrückt und liefen in alle Richtungen auseinander.

Eines war noch doofer als Papi und Herr Grau, es rannte nämlich gleich in den Anhänger. Zwei andere liefen zurück in den Garten und ich drückte einfach die Gartentür zu.

Aber die beiden letzten galoppierten die Straße runter. Eins von den beiden war das Schwein, dem Björn den Finger in den Rüssel gesteckt hatte. Wir hatten es Ata Ata getauft. Das andere hieß Gertrud, weil es genauso fett war wie Mamis Schwester.

Ata Ata und Gertrud waren unheimlich schnell, weil sie ja dachten, es geht um die Wurst.

Papi verfolgte Ata Ata und Herr Grau verfolgte Gertrud, und Dirk und ich verfolgten Papi und Herrn Grau.

Herr Grau war zwar noch dicker als Gertrud, aber auch viel schneller. Sein Kopf war knallrot und er keuchte nach Luft und sah aus wie eine Dampfwalze. Schließlich hatte er die fette Gertrud eingeholt. Er schmiss sich mit einem Hechtsprung auf sie drauf. Es gab einen kurzen Ringkampf und Herr Grau und Gertrud quiekten um die Wette und wälzten sich auf der Straße rum.

Dirk und ich feuerten Gertrud an, aber leider war Herr Grau stärker. Er schleppte die arme besiegte Gertrud zum Anhänger und schrie uns beide an, wir wären Verräter und verdammte Schweinefreunde.

Ata Ata war in der Zwischenzeit zu Rieders abgebogen, die

auf der anderen Straßenseite wohnten. Die hatten statt eines Zauns lauter Blumenbeete und hinten im Garten einen Hühnerstall.

Ata Ata zertrampelte ein Rosenbeet, dann fetzte sie über den Rasen und unter der Wäscheleine von Frau Rieder durch. Da hingen weiße Bettlaken dran, bis auf den Boden runter. Ata Ata wollte durchstürmen, aber sie blieb mit dem Rüssel in einem von den Laken hängen und riss es von der Leine. Es wickelte sich um sie drum und Ata Ata konnte nichts mehr sehen und musste stehen bleiben. Nur noch ihr Ringelschwanz guckte hinten aus dem Laken.

Papi schlich sich gerade an sie ran, als Dirk und ich um die Ecke kamen, und er hätte sie prima packen können, wenn nicht Frau Rieder plötzlich aus dem Haus gekommen wäre.

Sie kreischte herum, was denn da los wäre.

Ata Ata erschreckte sich, schüttelte ihren Kopf und das Laken verrutschte. Jetzt guckte ihr Rüssel raus und ein Ohr und ein Auge, und sie sah aus wie Superman mit ihrem Umhang. Sie erspähte Frau Rieder und Papi und Dirk und mich und rannte wieder los, Richtung Hühnerstall. Sie bremste aber nicht rechtzeitig und donnerte durch den dünnen Maschendraht mitten rein. Und da setzte sie sich einfach hin und gab auf.

Die Hühner waren außer Rand und Band und flogen herum und gackerten und ein paar flüchteten durch das Loch im Draht. Eine Menge Federn flogen durch die Gegend.

Ata Ata sah in ihrem Bettlaken aus wie ein kleiner Eisberg voll mit Pinguindreck, auf den es runterschneite, und grunzte ziemlich unglücklich. Papi kletterte in den Stall und konnte sie einfach unter den Arm nehmen.

Als er wieder rauskam, brüllte Frau Rieder ihn an, er sollte gefälligst sofort das dreckige Schwein aus ihrem Laken auspacken. Außerdem verlangte sie Schadenersatz für das Rosenbeet und den Hühnerstall und den Verlust, weil die Hühner wegen des Schocks bestimmt eine Woche lang keine Eier legen könnten.

Papi brüllte zurück, Frau Rieder solle sich ihr Laken an den Hut stecken und den Hühnerstall auch und ihre blöden Eier selber legen, und dann gingen wir alle zurück nach Hause, während Frau Rieder versuchte ihre doofen Hühner einzufangen.

Dirk und ich, wir waren ziemlich traurig, als Ata Ata und ihre Kumpels alle im Anhänger waren und Herr Grau mit ihnen davonfuhr. Aber Mami sagte, sie wäre froh, dass die dummen Viecher endlich verschwanden. Sie war sauer, weil die zwei Schweine, die im Garten geblieben waren, ihren frisch gesäten Rasen zertrampelt hatten.

Der Schweinestall wurde also abgerissen.

Jetzt musste nur noch neuer Boden in den Keller rein und dafür hatte Papi eine Betonmischmaschine besorgt und Onkel Alfred. Onkel Alfred war nämlich ein super Betonmacher, nur sonst war er ziemlich doof. Er hatte mal gesagt, Meerschweinchen wären sein Leibgericht und er könnte Tobi mit einem Haps runterschlucken, und seitdem konnte ich ihn nicht leiden.

Aber Dirk und ich durften ihm helfen, das war klasse. Björn spielte in der Zeit im Sand mit Schippe und Förmchen.

Um Beton zu mischen, braucht man nämlich Sand und außerdem Zement und Wasser. Man schmeißt sieben Schippen Sand und vier Schippen Zement in die Mischmaschine und kippt noch zwei Eimer Wasser dazu. Man darf nicht mehr oder weniger nehmen, sonst klappt es nicht. Die Maschine dreht alles durcheinander und ruck, zuck ist der Beton fertig.

Unser fertiger Beton kam in eine Schubkarre. Er wurde von Onkel Alfred in den Keller gefahren und ausgeschüttet und richtig verteilt, während Dirk und ich eine neue Ladung machten. Als der ganze Keller voller Beton war, ging ich rauf zu Papi.

Der tapezierte gerade zusammen mit Oma unser neues Wohnzimmer.

Oma hatte die letzten Wochen viel geholfen. Sie fand es klasse und sagte, es wäre wie nach dem Krieg, als sie Trümmerfrau gewesen war. Die Trümmerfrauen hatten monatelang den Schutt weggeräumt, als alles von den Bomben zerballert war.

Oma hatte gesagt, unser Haus sähe auch so aus wie nach dem Krieg, und Papi war deswegen auf sie sauer.

Darum freute er sich auch, dass Oma so viel Angst auf der Leiter hatte. Da musste sie nämlich rauf, um die Tapeten oben festzuhalten, während Papi sie unten mit einer Bürste an der Wand feststrich. Von alleine kam Oma die Leiter nicht mehr runter. Papi musste ihr helfen, weil sie so dick war und immer dachte, eine falsche Bewegung und sie fällt um.

Papi wackelte dann extra an der Leiter und sagte, genau, sie würde den Fußboden durchschlagen, ins Schlafzimmer im Erdgeschoss knallen, von da aus weiter in den Keller und dann würde wahrscheinlich das ganze Haus über ihr zusammenstürzen.

Oma sagte, vorher würde sie aber auf Papi fallen und dann würde er endlich für immer seinen frechen Mund halten.

Papi fand es prima, dass wir schon mit dem Betonmischen fertig waren. Er sagte, wir könnten jetzt Pause machen und er und Oma wären auch bald fertig, und wenn Oma nicht auf ihn drauffallen würde, könnten wir bald zu Abend essen. Das war der Moment, in dem wir Mami schreien hörten.

Während wir nämlich draußen Beton gemischt hatten und Papi und Oma sich stritten, hatte Mami auf dem Dachboden rumgewühlt. Da hatten wir schon Kisten aus dem alten Haus raufgeschleppt, die verstaut werden mussten.

Das war schwierig gewesen, weil nur eine Klapptreppe nach oben führte. Der Dachboden war auch nicht besonders hoch, man konnte sich überall den Kopf stoßen, wenn man nicht aufpasste.

Mami hatte eine Lampe mitgenommen, weil es ziemlich dunkel oben war, es gab nämlich nur eine kleine Dachluke. Und beim Aufräumen war sie auf die Idee gekommen, sie könnte ja mal rausgucken und sich die Gegend ansehen. Also hatte sie sich durch die Luke gequetscht und erst war auch alles prima. Mami konnte das Haus von Herrn Grau sehen und den Hühnerstall von Frau Rieder, der mittlerweile repariert war. Und sie sah noch andere Nachbarhäuser und ein Stück vom Wald und von der Stadt. Und dann wollte sie wieder rein und es ging nicht.

Sie steckte in der Dachluke fest.

Erst hatte sie ein bisschen rumgezappelt, aber es half nichts. Deshalb fing sie an zu schreien.

Papi und ich stürmten sofort die Klapptreppe hoch. Unten hatte Onkel Alfred Mami schreien gehört und er kam mit Dirk die Treppe hochgebrettert. Oma konnte nicht hinterher, weil sie auf der Leiter stand und immer noch die Tapete festhielt.

Wir quetschten uns alle auf dem Dachboden zusammen. Papi zog an Mamis Beinen, die aus der Dachluke rausguckten, und er schnauzte Onkel Alfred an, er sollte gefälligst helfen.

Aber Onkel Alfred hatte sich den Kopf angeknallt und war sauer und Mami rief von draußen, Papi sollte bloß nicht Onkel Alfred an ihre Beine lassen, und da wurde er noch viel mehr sauer und rief, das ist wohl jetzt der Dank fürs Betonmischen!

Mami sagte, er solle die Klappe halten, sie hätte andere Probleme, zum Beispiel dass ihr dicker Busen nicht durch die Dachluke passte.

Onkel Alfred rief zurück, ihr blöder Busen wäre ihm genauso egal wie ihre Beine, er wüsste sowieso, dass Mami ihn noch nie leiden konnte, und Papi fragte, ob es nicht noch ein bisschen lauter ginge, damit alle Nachbarn was davon haben, und plötzlich fiel Mami runter.

Sie plumpste genau auf Papi drauf. Papi schnappte nach Luft und keuchte, da hätte auch Oma auf ihn fallen können, die wäre auch nicht schwerer als Mami. Und Mami wurde richtig wütend und sagte, sie hätte die Nase voll und ihr Busen täte weh und sie wollte nach Hause.

Dann guckte sie uns alle an und fragte, wo Björn wäre.

Und dann guckten wir uns alle an und dann rannten wir die Treppen wieder runter und raus in den Garten zum Sandhaufen. Da hatten Onkel Alfred und Dirk nämlich Björn sitzenlassen.

Aber Björn war nicht mehr da, nur noch seine kleine Schippe.

Mami fing an zu heulen und schrie Onkel Alfred an, er wäre ein Idiot und hätte ihren Sohn auf dem Gewissen, und Onkel Alfred war eingeschnappt. Wir riefen alle nach Björn, aber es kam keine Antwort.

Ich überlegte, was ich gemacht hätte, wenn ich Björn wäre, und guckte im Keller nach. Und da war er auch. Er war durch den ganzen Beton gekrabbelt und hatte total gute Abdrücke reingemacht. Dann hatte er sich in eine Ecke gesetzt und versucht Förmchen mit dem Beton zu backen und da saß er wohl schon ganz schön lange. Der Beton war nämlich hart geworden und Björn war am Hintern eingemauert. Er hatte aber gute Laune und lachte und man konnte seine kleinen neuen Zähnchen sehen.

Papi wollte einen Presslufthammer holen, aber Onkel Alfred sagte, er sollte es mal bloß nicht übertreiben. Die beiden holten zwei Hämmer und fingen an den Beton aufzuklopfen.

Mami heulte immer noch und sagte, Björn hat jetzt garantiert eine Blasenentzündung von dem kalten Beton und wahrscheinlich pinkelt er für den Rest seines Lebens nachts ins Bett und an allem ist Onkel Alfred schuld.

Die Befreiung ging ziemlich schnell und Björn sah witzig

aus, weil an seinem Hintern und seinen Beinen lauter graue Bröckchen klebten.

Mami sagte, sie wollte jetzt sofort nach Hause, das Kind bräuchte ein warmes Bad.

Es wurde auch schon dunkel und wir hatten alle Hunger. Also marschierten wir aus dem Keller, setzten uns ins Auto und fuhren heim. Da sah es richtig nach Umzug aus, weil viele Sachen schon verpackt waren. Es war fast wie Urlaub auf dem Campingplatz. Mami badete Björn und fütterte ihn und legte ihn ins Bett und dann kochte sie heiße Suppe.

Und dann fragte sie, wo ist eigentlich Oma?

Papi wurde ganz blass im Gesicht.

Wir hatten Oma auf der Leiter vergessen.

ES GRÜNT SO GRÜN

Zwei Wochen später, an einem Tag mit so richtig tollem Wetter, da war der Umzug.

Papi wurstelte schon seit frühmorgens in dem neuen Haus an der Wasserleitung im Bad rum, da war irgendwas nicht in Ordnung. Oma war auch dort, um zu putzen. Mami und Björn und Dirk und ich, wir warteten im alten Haus auf den Umzugswagen mit den beiden Möbelpackern.

Die kamen dann auch bald mit ihrem Laster den Weg runtergefahren. Ein großer Dünner saß drin und ein kleiner Dicker neben ihm am Steuer, der hatte das ganze Gesicht voll mit Bartstoppeln und eine Mütze auf.

Die beiden stiegen aus und der Dünne schüttelte Mami die Hand und sagte, Tach, Frau, ich bin also der Detlef und dat in den Wagen, dat is meinen Kumpel Ernie und nu zeigense ma dat Zeuch, wo Se umgezogen haben wollen.

Detlef und Ernie holten hinten aus dem Laster Tragegurte und Decken raus. Dirk und ich, wir schauten ihnen dabei zu.

Ernie sagte zu Dirk, na du klein Dötzken, willste auch ma Möbelpacker werden, wenn du groß bist, oder wat?

Dirk guckte Ernie an und sagte, wenn dat bedeuten tut, dat ich dann so aussehe und so komisch rede wie du, dann lieber nich, wa.

Mami sagte, Dirk! Aber Ernie und Detlef lachten sich halb schlapp und dann ging's an die Arbeit.

Mittags waren wir fertig. Alles war im Möbelwagen verstaut und Ernie und Detlef stiegen ein und fuhren los. Mami schloss die Haustür ab und ich hatte ein komisches Gefühl im Bauch, weil ich wusste, dass wir nie wieder hierher zurückkommen würden. Mami fand es wohl auch komisch und ich glaube, sie weinte ein bisschen, als wir in unser Auto einstiegen und hinter dem Möbelwagen herfuhren.

Dirk und ich, wir drehten uns um und guckten, wie das Haus hinter der Kurve verschwand. Fast hätte ich auch geweint. Keiner sagte was, sogar Björn war ganz still in seinem Babysitz. Nur Tobi quiekste und rannte in seinem Käfig hin und her, den ich auf meinen Schoß gestellt hatte.

Als wir dann vor dem neuen Haus ankamen, wurde Mami gleich von Frau Pankel angequatscht.

Frau Pankel war eine Witwe und wohnte direkt neben uns. Sie war so alt wie Oma, aber total verkalkt. Weil, den ganzen Tag wühlte sie in ihren Blumen- und Gemüsebeeten rum und dabei redete sie wirres Zeug und sang komische Lieder, zum Beispiel: *Auch ich war ein Jüngling mit lockigem Haar.*

Also echt verkalkt.

Jetzt stand Frau Pankel am Zaun, mit einem bunten Tuch um den Kopf, und sie hatte rosa Plastikhandschuhe und grüne Gummistiefel an. In der einen Hand hielt sie eine kleine Gartenhacke.

Sie sagte zu Mami, von ihrem Tomatenbeet aus könnte sie in

das große Fenster von unserem Treppenhaus reinschauen und wie hübsch wir es hätten mit der neuen Tapete. Ob es die Tapete auch mit Gemüsemuster gab, fragte sie, und ob Mami ein paar Tomaten wolle?

Oma sagte immer, dass Mami total gut mit Bekloppten umgehen konnte, weil sie ja sonst Papi nicht geheiratet hätte. Auf jeden Fall sagte Mami zu Frau Pankel, das wäre sehr nett von ihr mit den Tomaten, aber wir würden sie natürlich essen und nicht an die Tapete kleben. Worauf Frau Pankel sagte, natürlich, natürlich, erst im Frühjahr, dann würden sie besser halten an der Tapete, die Tomaten.

Total verkalkt.

Ich ging rein und in das kleine Badezimmer, zu Papi, und sagte, dass der Möbelwagen angekommen wäre.

Papi brummelte, er hätte keine Zeit, aber Oma könnte ja helfen. Er lag halb auf dem Boden unter dem Waschbecken und fummelte an einem Rohr mit einem kleinen Rädchen dran herum, das aus der Wand rausguckte. Oma stand mit einem Putzlappen in der einen und einem Hammer in der anderen Hand daneben und guckte zu.

Papi sah total genervt aus. Er hatte ganz ölige schwarze Hände, und während er mit einer großen Zange das Rohr bearbeitete, fluchte er vor sich hin, es wäre ein blödes verrostetes Ding und eines Tages würde dieses Rohr einfach platzen.

Oma wischte mit dem Putzlappen über das Waschbecken und fing an zu erzählen, wie sie damals nach dem Krieg das Wasser zum Kochen und Waschen mit Eimern aus einem Brunnen holen musste, nicht wahr, der hätte zweihundert Meter hinter dem Haus gestanden und wie doch heute alles so einfach wäre mit dem Leitungswasser.

Papi grunzte, dass Oma jetzt mit dem Hammer gegen die Zange schlagen soll.

Oma kloppte ihm mit dem Hammer kräftig auf einen Daumen.

Papi schrie auf und knallte mit dem Kopf unter das Waschbecken.

Die Zange fiel ihm runter und Oma sagte, damals, nach dem Krieg, da war das ja auch schwierig mit dem Werkzeug, man hätte ja alles mit den bloßen Händen machen müssen, nicht wahr, und dass Papi ein bisschen aufpassen sollte mit dem neuen Waschbecken, damit er mit seinem Holzkopf nicht gleich ein Loch reinhaute in das teure Stück.

Papi guckte unter dem Waschbecken hoch zu Oma und sagte, wenn sie nicht gleich mitsamt ihrem stinkenden Putzlumpen aus dem Bad verschwunden wäre, dann würde er ihr das Ding mit seinen bloßen Händen links und rechts um die Ohren schlagen, nicht wahr.

Oma schnappte nach Luft, ließ den Hammer fallen und marschierte beleidigt aus dem Badezimmer.

Du meine Güte, schimpfte Papi, die Frau treibt mich noch glatt in den Wahnsinn mit ihrem Geschwätz und dass er sich wünschte, er hätte Oma vorletzte Woche auf der Leiter verhungern lassen. Dann schraubte er weiter an dem Rohr herum.

Im Flur wartete Mami mit Björn auf dem Arm auf die beiden

Möbelpacker, um ihnen zu zeigen, wo sie die einzelnen Möbel hintragen sollten. Ich folgte Oma nach draußen, um Dirk beim Tragen der kleineren Kartons zu helfen.

Im Garten kamen uns schon Detlef und Ernie entgegen. Sie schleppten die Wohnzimmerkommode mit dem großen Oberteil, das man nicht abmachen konnte, weil es festgeklebt war.

Dat is dat problematischste Teil von allen, keuchte Ernie, dat is nämlich eigentlich wat zu groß.

Frau Pankel stand immer noch am Zaun und sah Dirk dabei zu, wie er Kartons aus dem Laster holte und nebeneinander auf den Bürgersteig stellte.

Sie rief Oma zu, da hätte sie aber liebe und fleißige Enkelkinder, und Oma sagte, ja, nicht wahr, sie wären ganz wie ihre Mutter. Weil, wenn wir so wären wie unser unverschämter Vater, dann würden wir schon seit Jahren in einer Besserungsanstalt sitzen und jeden Tag dreimal Prügel beziehen.

Dann kletterte Oma in den Möbelwagen und Frau Pankel nickte und sagte, jaja, diese Jugend, und dass sie jetzt für Mami die Tomaten pflücken würde. Sie fing an zu singen, *Im Frühtau zu Berge wir ziehn, fallera.* Dirk guckte zu ihr rüber, wie sie durch ihre Tomatenbüsche kroch und nur ihr Hintern rausguckte, fallera. Er schüttelte den Kopf und verdrehte die Augen.

Dirk findet Tomaten genauso total eklig wie ich.

Wir trugen Kartons hinter Ernie und Detlef her bis in den Flur, wo die beiden gerade dabei waren, die Kommode die Treppen hinauf ins Wohnzimmer zu tragen.

Ernie schwitzte schon und sagte gerade zu Detlef, meine Güte nee, wenn man doch dieses Oberdingens abmachen könnte, aber dat klebt ja nu man fest!

Sie wuchteten die Kommode den ersten Treppenabsatz rauf bis unter das große Fenster, wo eine Kurve war und der zweite Absatz anfing. Da war es dann schwierig, die Treppe wurde nämlich am zweiten Absatz nach oben hin ein bisschen schmaler, weil das Treppenhaus so schief war, und da passte die Kommode nicht richtig durch.

Mami hatte Björn unten im Flur abgesetzt, wo er mit seiner Quietsche-Ente auf dem Fußboden saß, und sie, Dirk und ich, wir stellten die Kartons ab und guckten zu, wie Detlef von oben an der Kommode zog und Ernie von unten drückte, bis es nicht mehr weiterging.

Ernie hatte vor Anstrengung schon einen knallroten Kopf. Er schob seine Mütze in den Nacken, guckte an der Seite von der Kommode über das Treppengeländer vorbei zu Detlef rauf und sagte, dat hat so keinen Zweck, Detlef! Ich stell misch jetzt zwischen die Rückwand von dat Möbelteil und dat Geländer, dann kannste seitlich wat schieben, verstanden?

Das sah klasse aus, wie Ernie seinen fetten Bauch einzog und sich in eine Lücke quetschte, durch die höchstens Björn gepasst hätte. Ich musste kichern. Dirk und Mami verzogen auch das Gesicht, weil der Hintern von Ernie durch die Stangen vom Treppengeländer durchquoll.

Ernie keuchte zweimal kurz, drückte die Kommode ein Stück nach oben und dann sagte er, dat war's dann wohl, wat für einen Scheiß, jetzt tu ich hier feststecken, ich glaub dat einfach nich!

Detlef sagte, ich glaub dat auch nich, wie ein erwachsenen Mensch so wat von doof sein kann, am liebsten würd ich dich stecken lassen, Alter!

Und dann fing er an von oben gegen die Kommode zu drücken, anstatt weiter zu ziehen.

Mami fragte, ob sie nicht die Treppe runterrutschen würde, die Kommode, wenn Ernie seinen Bauch freikriegte. Detlef sagte, Frau, wollense hier einen erfahrenen Möbelpacker sein Beruf erklären, oder wat?

Dann rief er, Ernie, zieh jetzt ma deine fette Wampe wat ein, ja, und halt ma die Luft an, dat ich hier noch ma ein Stücksken wat drücken kann.

Ernies Kopf wurde noch röter, als er die Luft anhielt, und Detlefs Kopf auch, als er drückte und dabei komische Geräusche machte. Es war richtig spannend, deswegen bemerkten wir Oma erst, als sie schon unten im Flur stand und mit ganz piepsiger Stimme nach Mami rief.

Wir guckten zu Oma runter und erst dachte ich, sie hätte sich einen von den Umzugskartons übergestülpt. Sie sah ganz viereckig von oben aus. Aber es war kein Karton, es war unser Schuhschränkchen, das Oma sich auf den Rücken geladen hatte.

Sie stand tief nach unten gebeugt mitten im Flur und piepste, sie hätte einen Hexenschuss und könnte sich nicht bewegen. Björn versuchte gerade sich an ihren Beinen hochzuziehen, damit er stehen konnte, und Oma fing an zu wackeln und röchelte, ihr Herz würde so stechen und dass sie einen Herzinfarkt kriegte.

Mami schrie, um Gottes willen, Mama, lass bloß das Ding nicht auf Björn fallen!

Sie wollte eben die Treppen runterlaufen, als plötzlich das Geländer knirschte, gegen das Ernie gepresst stand. Dann krachte es durch und kippte ein Stück nach hinten.

Ernie quiekte vor Schreck, ließ die Kommode los und ruderte wie ein Wilder mit den Armen in der Luft herum, um das Gleichgewicht zu halten. Mami sprang nach vorne und drückte durch die Stangen vom Treppengeländer gegen Ernies dicken Hintern.

Detlef schrie von oben, Mensch, Ernie, halt doch dat Teil fest, dat gibt ein Unglück!

Aber da war es schon zu spät.

Die Kommode donnerte die Treppen runter und knallte genau unter dem Fenster am ersten Treppenabsatz gegen die Wand. Die Wucht des Aufpralls war so groß, dass das Oberteil einfach abbrach, die Fensterscheibe durchschlug und in hohem Bogen nach draußen flog. Es klirrte und schepperte, dann ertönten ein dumpfer Knall und ein Schrei.

Der Knall kam von dem Kommodenoberteil, als es in Frau Pankels Gemüsebeet einschlug, und der Schrei kam von Frau Pankel, die immer noch zwischen ihren Tomatenbüschen rumgekrochen war.

Oma kreischte von unten, sie bekäme gerade ihren Herzinfarkt und das Schuhschränkchen würde anfangen zu rutschen, und Papi rief aus dem Badezimmer, was denn da draußen schon wieder los wäre in diesem Irrenhaus.

Detlef schrie zurück, kommense da raus, Mann, hier werden alle platt gemacht und dat beknackte Weib, wo Ihre Nachbarin is, die hat schon dat Möbel auffe Ömme gekriegt!

Dirk und ich, wir drückten verzweifelt zusammen mit Mami gegen den Hintern von Ernie, und Detlef zog ihn von oben an seinen Armen.

Unten stürmte Papi aus dem Badezimmer und kam gerade noch rechtzeitig, um das doofe Schuhschränkchen festzuhalten, bevor es auf Björn fallen konnte.

Detlef hatte Ernie jetzt ganz auf die Treppe gezogen und Mami keuchte, mein Gott, Frau Pankel, und alle Mann stürzten die Treppen runter und an Oma vorbei, raus in den Garten.

Hinter dem Zaun lag Frau Pankel flach auf dem Rücken und ihre grünen Gummistiefel zeigten in die Luft. Direkt neben ihr hatte sich das Kommodenoberteil in den Boden gebohrt und rundrum war alles rot.

Einen Moment lang dachte ich, Frau Pankel wäre tot und würde in ihrem Blut liegen, aber es waren nur die zermatschten Tomaten. Und dann hörte ich Frau Pankel leise singen, dass es so grün grünt, wenn in Spanien die Blüten blühen, oder so ähnlich.

Ernie flüsterte, die is bekloppt geworden, die Alte, von den Schock und dass Frau Pankel bestimmt gedacht hätte, in ihrem Garten würde ein UFO landen.

Detlef sagte, Quatsch, die hatte doch schon vorher nich alle Tassen in Schrank, die Alte, oder ob Ernie etwa singen würde, wenn die Außerirdischen in seinem Gemüsegarten landen würden?

Mami rannte an den Zaun und rief, Frau Pankel, Frau Pankel und ob ihr was passiert wäre.

Frau Pankel hörte auf mit Singen und setzte sich auf. Das Kopftuch war ihr über ein Auge gerutscht und sie sah aus wie ein Piratenkapitän.

Sie lächelte Mami an und fragte, wie ihr denn die Tomaten geschmeckt hätten und wann die Kinder aus der Besserungsanstalt nach Hause kommen würden. Dann sprang sie auf und fing an wie verrückt mit ihrer kleinen Gemüsehacke auf das Kommodenoberteil einzuschlagen.

Papi sagte, die muss zum Arzt, die Pankelsche, bevor sie sich die Hacke noch selber vor die Birne haut, und überhaupt, Ernie und Detlef sollten mal das Oberteil von der Kommode zurückholen, bevor sie es ganz zu Kleinholz schlagen würde.

Die beiden kletterten über den Zaun und stapften durch die zermatschten Tomaten. So, Frau, sagte Ernie zu Frau Pankel, jetzt legen wir aber mal dat Häcksken weg, damit wir dat Dingens hier aus Ihren Gemüse entfernen können, wa?

Frau Pankel guckte Detlef an, legte die Gemüsehacke weg und sagte, ach, was für ein reizender junger Mann und ob sie ihn zum Tee einladen dürfte.

Papi guckte Mami an und flüsterte, wenn er nicht schon vorher gewusst hätte, dass die Pankelsche eine Macke hat, dann würde er jetzt denken, das Oberteil von der Kommoden wäre schuld.

Dirk sagte, das ist gemein, wenn alle sagen, dass Frau Pankel nicht dicht im Kopf ist, sie wäre nämlich eine ganz liebe alte

Oma, und Mami rief, verdammt, wir haben schon wieder Oma vergessen!

Sie lief ins Haus und Papi, Dirk und ich rannten hinterher.

Oma stand immer noch vornübergebeugt im Flur, wegen ihres Hexenschusses, und schimpfte rum, es wäre mal wieder allen egal gewesen, ob sie an Herzinfarkt stirbt oder nicht. Mami sollte gefälligst sofort einen Arzt rufen und Björn wegnehmen, der würde sie an den Waden kitzeln.

Papi nahm Björn auf den Arm und meinte, es wäre vielleicht besser, wenn Ernie und Detlef Oma nach draußen in den Möbelwagen tragen und ins Krankenhaus fahren würden, und vorsichtshalber sollten sie Frau Pankel gleich dazupacken.

Oma wurde sauer und sagte, wenn Papi sie zusammen mit dieser Verrückten in den Laster sperrte, würde sie die ganze Familie enterben und dafür sorgen, dass wir alle ein Fall für die Sozialhilfe werden.

Papi sagte, bitte schön, soll der Arzt halt ins Haus kommen. Aber bis dahin müsste Oma aus dem Flur verschwinden, weil sie da im Weg rumstehen würde.

Dirk sagte, wir können Oma eine rote Wollmütze aufsetzen und sie als Gartenzwerg draußen in die Blumenbeete stellen, bis der Doktor kommt, und ich fing an zu lachen.

Oma wollte gerade wieder anfangen zu schimpfen, als aus dem Bad ein komisches Geräusch kam. Papi drückte mir Björn in den Arm, rannte ins Badezimmer und kam sofort wieder rausgeschossen.

Das Rohr bricht gleich durch, schrie er, und dass er sofort

in den Keller müsste, den Haupthahn von der Wasserleitung zudrehen. Hätte er auch gekonnt, wenn nicht Ernie und Detlef mit dem Kommodenoberteil in den Flureingang gekeucht wären und den Weg versperrt hätten.

Papi schrie, Platz da, und hechtete mit einem Supersprung über die Kommode.

Wat war dat denn, fragte Ernie und guckte ihm nach, Supermann oder wat?

Oma sagte, das wäre ihr bekloppter Schwiegersohn gewesen, und wenn es eine himmlische Gerechtigkeit gäbe, dann würde er jetzt die Kellertreppen runterfallen und auf seinem frechen Mundwerk landen.

Mami sagte, Mama, doch nicht vor den Kindern!

Frau, seinse net so eklich, sagte Ernie, gehense lieber ma aussen Weg.

Würde sie gern tun, sagte Oma, aber sie könnte sich nicht bewegen, nur wäre das in diesem Haus mal wieder jedem egal und deswegen wäre ihr diese blöde Kommode auch egal, wie ihr überhaupt alles egal wäre, nur ein Rohrbruch nicht, weil das Wasser ihr womöglich die Dauerwelle ruinieren würde.

Meine Güte, sagte Mami, ich ruf ja gleich den Arzt an, und dann murmelte sie leise, das wäre wieder einer von diesen Tagen, an denen sie sich so schrecklich alt fühlte.

In dem Moment kam Papi aus dem Keller zurück. Er wischte sich den Schweiß von der Stirn und sagte, alles klar, aber wenn jetzt noch irgendwas passiert, was normalen Leuten nicht passiert, würde er anfangen zu schreien und nie wieder aufhören.

Und dann hörte man von draußen eine Stimme, die sang *Schön und kaffeebraun sind alle Frauen in Kingston Town*, und hinter Papi erschien Frau Pankel in der Haustür. Sie trug einen Strohhut mit Plastikkirschen dran und in den Händen hielt sie ein Tablett mit einer dampfenden Kanne und Tassen und Keksen drauf. Sie lächelte Papi an und sagte, so, ihr Lieben, der Tee ist fertig, und jetzt machen wir es uns erst mal so richtig gemütlich, bevor wir alle zurück in die Besserungsanstalt müssen!

DIE SCHLAMMSCHLEUDERN

Als wir endlich ganz in das neue Haus eingezogen waren, sagte Papi, so, die Kinder haben noch Sommerferien und ich Urlaub, nun machen wir alle noch eine Woche Ferien am Edersee.

Am Edersee, da hatten wir auf einem Campingplatz einen Wohnwagen mit Vorzelt stehen. Normalerweise fuhren wir im Sommer fast jedes Wochenende hin. Aber wegen Renovierung und Umzug hatte es dieses Jahr noch nicht geklappt, obwohl es mit dem Auto nur eine Stunde dauerte, bis man dort war.

Dirk und ich, wir freuten uns wie verrückt, aber Mami fing an zu motzen. Sie sagte, prima Idee! Wäre ja auch egal, ob sie uns zu Hause unsere Wäsche und alles hinterherräumen würde oder in einem kleinen Wohnwagen, während der Herr Papa Halligalli macht und mit seinen Angelfreunden am Lagerfeuer rumgrölt. Und wie nett es werden würde, weil ja Onkel Alfred mit seiner Erika auch da wäre, da könnte Onkel Alfred dann eine Woche lang versuchen mit seinen dicken Wurstfingern Mami zu begrapschen.

Onkel Alfred und Tante Erika, die hatten nämlich auch einen Wohnwagen auf dem Zeltplatz, ganz in unserer Nähe, und sie waren jedes Wochenende dort.

Erst dachte ich, Mami meint es ernst, aber dann lachte sie und sagte, okay, ihr Männer, am Freitag kann es losgehen.

Es ging aber schon an einem Donnerstag los.

Weil, es musste noch das Vorzelt aufgebaut werden und alles Mögliche und Papi wollte, dass am Freitag schon alles fertig war, wenn seine Angelfreunde zum Wochenende an den Edersee kamen.

Da gab es viel zu packen und einkaufen mussten wir auch noch. Mami brummelte die ganze Zeit vor sich hin, während sie den Einkaufswagen durch den Supermarkt schob, und beim Bepacken vom Auto grummelte sie immer noch. Sie sagte, das wäre typisch Papi, von einem Umzug würde man zum nächsten hetzen und er würde das absichtlich machen, den ganzen Stress, damit sie in kürzester Zeit möglichst viele Falten und graue Haare kriegt und kein anderer Mann sie anschauen würde, außer natürlich Onkel Alfred, der alte Grapscher.

Als wir spät am Nachmittag losfuhren, sah das Auto aus, als wollten wir nach Amerika auswandern und nicht nur für eine Woche an den Edersee fahren. Alles war vollgepackt mit Zeug, der Dachgepäckträger und der Kofferraum und überhaupt, wo eben Platz war. Sogar hinten im Auto, wo Dirk und ich mit Tobi auf dem Schoß und Björn in seinem Babysitz saßen, waren noch Sachen verstaut und es war furchtbar eng. Als wir eine Viertelstunde gefahren waren, wurde es schon ungemütlich.

Ich dachte, dass ein Hering in der Dose sich so fühlen muss, so eingequetscht, außer dass er natürlich tot ist und sich deswegen nicht mehr beschweren kann.

Ich sagte das Dirk und er dachte darüber nach, über sich und tote Heringe, und dann sagte er, ein bisschen von ihm wäre auch schon eingequetscht und tot, weil nämlich, ich säße seit der Abfahrt auf seiner linken Hand.

Überhaupt war es eine doofe Fahrt. Als wir gestartet waren, hatte noch die Sonne geschienen, aber nach einer Weile tauchten überall Wolken auf und es sah aus, als würde es bald regnen. Uns war langweilig.

Dann machte Björn sich auch noch in die Hose und es stank mal wieder nach Karotten und ich war total froh, als wir endlich auf dem Campingplatz ankamen. Mittlerweile war der Himmel grau und dunkel geworden und erste Regentropfen klatschten auf das Auto.

Papi parkte es auf dem schmalen Weg direkt vor unserem Wohnwagen, damit wir nicht so weit laufen mussten mit dem ganzen Krempel. Er war bester Laune und rief, so, alle Mann von Bord und an die Arbeit.

Mami meinte, es wäre vielleicht keine gute Idee, jetzt das Vorzelt an den Wohnwagen zu bauen, falls der Regen stärker würde.

Aber Papi sagte, typisch Frau, lässt sich von ein paar Regentropfen aus der Fassung bringen! Natürlich würden wir das Zelt aufbauen, die Dame könnte ja in der Zwischenzeit mit ihrem jüngsten Sohn im Wohnwagen auf besseres Wetter warten.

Mami sagte, die Dame würde im Auto sitzen bleiben, weil der Wohnwagen erst mal gelüftet werden müsste und der jüngste Sohn auch, und ob der Herr so freundlich wäre mal die Windeln aus dem Kofferraum zu kramen.

Papi, Dirk und ich, wir stiegen aus und gingen an den Kofferraum. Als Erstes holten wir die große Zeltplane und die

Stangen raus, die trug ich mit Papi vor den Wohnwagen. Wir warfen alles auf den Holzboden, auf dem das Zelt draufsteht, wenn es fertig aufgebaut ist.

Dirk wühlte nach dem Windelkoffer, und als er ihn gefunden und Mami gebracht hatte, kam er hinterher.

Es ist nicht so einfach, ein Vorzelt aufzubauen, weil es ja mit einer Seite an den Wohnwagen drangehört. Die Zeltstangen müssen daran festgeschraubt werden und außerdem noch auf dem Holzboden, damit das Zelt nicht umfällt. Erst müssen natürlich die Stangen ineinandergesteckt werden zu einem Gerüst, aber Papi hatte das schon oft gemacht. Bis Mami Björn fertig gewindelt hatte, stand schon fast das ganze Zeltgestänge, nur festgeschraubt war es noch nicht.

Es war jetzt ganz schön windig und der Regen wurde stärker.

Mami stieg aus dem Auto aus und kam zu uns gelaufen. Sie sagte, schöne Bescherung, das gibt bestimmt gleich ein Gewitter.

Papi sagte, Blödsinn, wenn es ein Gewitter gäbe, wüsste er das als Erster, weil nämlich dann die Narbe von seiner Magen-operation jucken würde.

Dirk fragte, was für eine Operation, und Papi antwortete, die von seinem Magengeschwür.

Dirk fragte ihn, was das ist, ein Magengeschwür, und in dem Moment blitzte es und ein paar Sekunden später krachte der Donner.

Mami rief, na bitte, da haben wir ja das Gewitter. Es blitzte gleich noch mal und sie fragte Papi, ob es ihn jetzt jucken würde an der Narbe.

Papi sagte, nein, das würde es nicht, aber bestimmt bald, weil seine Narbe auch empfindlich auf blöde Ehefrauen reagieren würde.

Dirk zog Papi am Ärmel von seinem Hemd und wollte endlich wissen, was das ist, so ein Magengeschwür, als der nächste Donner krachte, und Papi schnauzte plötzlich los, ein Magengeschwür bekommt man, wenn man sich aufregt über gewisse Damen, die immer Recht haben müssen, und über Kinder, die einem doofe Fragen stellen, und überhaupt wäre es ein Wunder, dass er diese Familie schon so lange ausgehalten hätte, ohne dass er auch noch am Herzen operiert werden müsste!

Dann steckte er die letzten Zeltstangen ineinander und rief, jetzt aber dalli, die Plane müsste über das Gestänge geworfen und festgemacht werden und wir würden die Stangen erst danach am Boden festschrauben.

Der Wind wurde immer heftiger, es blitzte und donnerte und der Regen prasselte auf uns runter und wir waren alle klatschnass.

Mami schaute nach oben und meinte, da hätte der Himmel aber schön seine Schleusen geöffnet, wir sollten besser aufhören, es würde sie nicht wundern, wenn es auch noch einen Sturm gäbe.

Papi guckte Mami an und rief, es würde ihn nicht wundern, wenn er gleich wahnsinnig würde wegen ihr und ihrer blöden Sprüche, sie sollte mal lieber mit anpacken, statt so zu tun, als wäre sie die Wetterfee.

Also packte Mami mit an.

Sie und Papi rollten schnell die Plane auseinander und warfen sie mit Schwung über das Gestänge, und Papi rief Mami zu, bitte schön, die Dame, so schnell geht das, wenn man das richtig macht, und jetzt könnte er ruhig kommen, ihr blöder Sturm.

Mami wischte sich die nassen Haare aus dem Gesicht und dann guckte sie Papi an und sagte, vielleicht wäre es dann besser, wenn wir die Plane vorher noch richtig herum auf die Stangen schmissen, bevor er kommen würde, der Sturm.

Es stimmte wirklich, die Plane lag falsch rum über den Zeltstangen, mit der Innenseite nach außen.

Ich fand das nicht so schlimm, weil, bei dem vielen Regen war es besser als nichts, aber Papi hüpfte herum wie Rumpelstilzchen und versuchte die Plane wieder von den Stangen herunterzuziehen und er schrie Dirk und mich an, wir sollten nicht blöd rumstehen, sondern gefälligst helfen.

Der Wind war jetzt richtig stark. Die Plane flog an den Seiten hoch und flatterte wie wild, und Dirk und ich sprangen durch die Matsche und versuchten einen Zipfel zu erwischen. Weil die Stangen noch nicht am Boden festgeschraubt waren, fing alles an zu wackeln, und das konnte ein Blinder sehen, dass das nicht gut gehen würde.

Mami rief, du meine Güte, Peter, lass die Plane über dem Gestänge und komm mit den Kindern zurück ins Auto!

Aber Papi zerrte weiter am Zelt rum und er schrie die Plane an, sie wäre ein Miststück, er würde sich doch nicht verhohnepipeln lassen von einem Stück Plastik und dass er sie fertigmachen würde.

Mami musste ein paar Stangen festhalten, weil die sich langsam zur Seite neigten. Dirk und ich, wir hielten auch irgendwas fest, ich weiß nicht mehr, was, es war so ein Durcheinander.

Und plötzlich hupte es.

Erst dachte ich, Björn wäre langweilig geworden und er hätte im Auto gespielt und wäre dabei an die Hupe gekommen.

Aber es war nicht Björn. Es war der alte Johann mit seiner Elfriede und ihrem Dackel Sissi. Sie standen mit ihrer rostigen Klapperkiste hinter unserem Auto und kamen nicht dran vorbei.

Mami sagte, auch das noch, das hätte gerade noch gefehlt, und dass Johann bestimmt zu seinem Wohnwagen wollte. Der stand nämlich auf dem Grundstück neben unserem und Johann und Elfriede, das waren unsere Feinde. Sie konnten uns nicht leiden und hatten immer was zu motzen, weil Dirk und ich Sissi mal eine Unterhose von mir angezogen und ihr eine Schleife um den Schwanz gebunden und ein Hütchen aufgesetzt hatten, weil wir Mutter, Vater, Kind mit ihr spielen wollten.

Auf jeden Fall, jetzt standen sie da im Gewittersturm und Johann hörte und hörte nicht auf zu hupen.

Papi schrie, der Alte wäre ja wohl nicht ganz dicht in der Birne, der würde doch sehen, dass wir unser Auto jetzt nicht wegfahren könnten, weil sonst das ganze Zelt durch die Gegend fliegt!

Ich guckte zu unserem Auto und da sah ich, wie Björn auf dem Rücksitz stand und mit seinen kleinen Händchen am Fenster rumpatschte und heulte, weil ihm das Gewitter Angst machte und das Gehupe von Johann.

Mami hatte es auch gesehen und rief Papi zu, jetzt reicht's ja wohl, sie müsste zu Björn und es wäre ihr egal, ob das Zelt zusammenkracht oder nicht.

Sie ließ einfach die Stangen los und rannte durch den Regen zum Auto. Das Zelt fing sofort an zu wackeln.

Papi schrie hinter Mami her, dann sollte sie wenigstens das Auto wegfahren, damit der Schwachkopf von Johann mit dem Hupen aufhören würde.

Das hätte Mami auch getan, aber es ging nicht, weil Björn alle Knöpfchen an den Türen runtergedrückt hatte und der Schlüssel noch im Zündschloss steckte. Mami wedelte mit ihren Armen vor der Windschutzscheibe rum, damit Björn eine Tür aufmachte, aber Björn war damit beschäftigt zu heulen, und wenn er heulte, dann war ihm alles egal.

Mami schrie, verdammter Mist und Papi sollte sofort zum Auto kommen, sein jüngster Sohn wäre in Schwierigkeiten.

Aber Papi war selber in Schwierigkeiten, weil die Stangen, die Mami gehalten hatte, plötzlich umkippten, und jetzt war nichts mehr zu retten, das ganze Zelt fiel zusammen. Die einzige Stange, die noch stand, war die, die Dirk und ich festhielten.

Dirk tapste in einer Pfütze rum und sang *Regentropfen, die an mein Fenster klopfen* und ich glaube, Papi hätte ihm eine gescheuert, wenn er nicht damit beschäftigt gewesen wäre, mit der Plane zu kämpfen. Die sah aus wie ein riesiger fliegender Teppich und flog an allen Seiten hoch und wieder runter.

Mami schrie, das darf ja wohl alles nicht wahr sein, und da hupte Johann wieder.

Wenn Johann Mami gekannt hätte, dann hätte er gewusst, dass man sie besser nicht aufregte, wenn sie sich um Björn Sorgen machte. Sie war schnell wie der Blitz an seiner Fahrertür und riss sie auf und sofort knallte der Sturm Regen ins Gesicht von Johann. Elfriedes Augen wurden so groß wie Suppenteller.

Mami schrie sofort los, bevor die beiden überhaupt was sagen konnten, dass sie ihre Karre zu Klump treten und ihren doofen kleinen Hund zu Fischfutter verarbeiten würde, wenn Johann jetzt nicht sofort aufhörte zu hupen.

Und damit er sah, dass sie es ernst meinte, trat sie volle Kanne mit dem linken Fuß eine Beule in die Tür.

Ich dachte, jetzt kriegt Johann einen Herzinfarkt, aber nicht wegen der Beule, sondern weil Sissi über seinen Schoß aus dem Wagen sprang. Elfriede kreischte, mein Sissichen, und sie riss ihre Tür auf und sprang auch aus dem Auto.

Sissi lief unter unseren Wohnwagen. Elfriede schmiss sich in die Matsche und kroch hinterher und nur noch ihre Beine guckten raus und man konnte ihren Unterrock sehen.

Johann brüllte Mami an, ich zeige Sie an wegen der Beule und dann landen Sie und Ihre freche Brut hinter Gittern, wo Sie hingehören!

Mami lachte und schrie, ha, von wegen Gitter, und sie packte einen von den Scheibenwischern und bog ihn um.

Johann hüpfte aus dem Wagen.

Mami sagte, eine falsche Bewegung und es gibt was auf die Mütze, du Kinderschreck, und das war genau in dem Moment, als Papi über Elfriedes Beine fiel.

Er hatte sie nicht gesehen, weil er in die Zeltplane eingewickelt war und aussah wie eine ägyptische Mumie, nur noch die Hände waren draußen und mit denen patschte er auf Elfriedes Hintern rum und zog an ihrem Unterrock. Johann brüllte Papi an, er sollte seine Finger von seiner Frau lassen, und er rannte an Mami vorbei und schmiss sich auf ihn drauf und Mami schmiss sich auf Johann drauf und kloppte auf ihm rum.

Ich hätte auch gerne mitgemacht, aber es war schon so ein Gewühl in dem Dreck, dass man gar nicht richtig sehen konnte, wer jetzt wer war, und deswegen guckte ich einfach zu und feuerte Papi und Mami an. Dirk stellte sich neben mich. Er hielt immer noch die eine Zeltstange fest und sang jetzt *Wir lagen vor Madagaskar und hatten die Pest an Bord* und es war klasse.

Sissi war auf der anderen Seite vom Wohnwagen wieder rausgekommen und setzte sich neben Dirk und mich. Der Regen prasselte runter auf uns und der Schlamm spritzte durch die Gegend von der Schlägerei, es donnerte und blitzte. Ab und zu hörte man es poltern, wenn Elfriede oder Papi sich den Kopf unter dem Wohnwagen anknallte oder wenn Mami Johann eine ballerte.

Ich glaube, dass Sissi dasselbe dachte wie ich, nämlich dass Erwachsene manchmal schlimmer sind als kleine Kinder, vor allem wenn sie sich streiten.

Später saßen wir alle in Johanns Wohnwagen und Papi und Johann waren besoffen von Grog.

Ich weiß ja auch nicht, aber die sind wirklich komisch, die Großen. Eben hatten sie sich noch im Dreck rumgewälzt wie die Schweine und sich gekloppt und dann hatten sie plötzlich aufgehört und sich alle angeguckt und angefangen zu lachen.

Mami war zum Auto gegangen und sie sah klasse aus, überall ganz braun vor Schlamm, den der Regen langsam an ihr herunterwusch. Björn hatte irgendwann aufgehört mit Heulen und endlich eine Tür aufgemacht und Mami holte ihn raus und nahm ihn auf den Arm. Tobi hatte alles verpasst, der lag in seinem Käfig und pennte.

Björn hatte Rotze im Gesicht kleben und Elfriede sagte, nein, ist das rührend, der kleine Dreckspatz! Dabei sah sie selber aus, als hätte sie den ersten Preis gewonnen in einem Wettbewerb als beste Schlammschleuder vom Edersee.

Papi und Johann lachten immer noch und klopften sich auf die Schultern, dass der Matsch spritzte, und Papi hörte auch nicht auf zu lachen, als er merkte, dass er den Schlüssel von unserem Wohnwagen zu Hause vergessen hatte.

Also, sagte Johann, dann müssten wir eben alle mit zu ihnen kommen. Und da waren wir jetzt, im großen Wohnwagen von Johann und Elfriede, nass und dreckig.

Elfriede hatte heißen Kakao gekocht, für die süßen Kleinen, sagte sie, und sie und Mami tranken Tee und Papi und Johann Grog.

Dirk musste noch mal *Wir lagen vor Madagaskar* singen und alle grölten mit, und Mami zog Sissi eine Windel von Björn an und sein Sommerkäppchen und hängte ihr Björns Schnuller um, und wir saßen noch lange beieinander und sangen Seemannslieder und lachten uns tot.

DAS WASSER KOMMT, DAS WASSER KOMMT!

Der Regen hörte dann gar nicht mehr auf. In der nächsten Woche regnete es weiter und in der Woche darauf auch und eine Woche später immer noch, bis der dicke Herr Grau eines Tages sagte, Kinder, Kinder, wenn das so weitergeht, kriegen wir Hochwasser.

Dirk und ich, wir standen mit Herrn Grau im Garten von Rieders, hinter ihrem Haus. Rieders waren in Urlaub, und Herr Grau passte auf ihre Hühner auf. Mami meinte, er würde sich einsam fühlen, seit Ata Ata und ihre Kumpels auf dem Bauernhof wohnten, aber ich glaube, er hatte einfach Tiere gern. Jedenfalls, es wohnten fünf Hühner in dem Gehege, und jedes hatte einen Namen. Die ersten vier waren braun, und sie hießen John, Paul, George und Ringo, also wie die Beatles, weil das die Lieblingsband von Herrn Rieder war. Das übrige Huhn hatte Frau Rieder nach ihrem Lieblingssänger benannt. Es war weiß wie Schnee und der Sänger hieß Heino, den hatten wir mal im Fernsehen gesehen, da hatte er ein schönes Lied über treue Bergvagabunden gesungen und noch ein anderes über schwarzbraune Nüsse.

Wie ist es denn eigentlich so bei Hochwasser, fragte Dirk, während Herr Grau Hühnerfutter ins Gehege warf, und Herr Grau sagte, nass.

Viel nass, fragte Dirk.

Bis zum Hals nass, sagte Herr Grau. Und wenn ihr Pech habt, noch höher. Er legte eine dicke Hand auf das Dach vom Hühnergehege und sagte, und das säuft dann auch ab.

Dirk fragte Herrn Grau, ob er die Hühner retten würde, falls ein Hochwasser kam, aber Herr Grau hob nur den Kopf und guckte in den Himmel, der dieselbe Farbe hatte wie sein Nachname, und feine Tröpfchen nieselten auf sein Gesicht mit den dicken roten Backen.

Beim Abendessen erzählte Papi uns vom letzten Hochwasser. Da wart ihr noch gar nicht auf der Welt, sagte er, und Mami und ich wohnten noch nicht hier im Tal, fast auf derselben Höhe wie der Fluss. Beim letzten Hochwasser stieg das Wasser hier über drei Meter hoch! Die Keller und die unteren Stockwerke aller Häuser liefen voll.

Aber bevor es bei uns so weit kommt, sagte Mami, räumen wir alles aus dem Keller und dem Erdgeschoss rauf in den zweiten Stock. Dann warten wir ab, und sobald sich das Wasser wieder verzieht, putzen wir und räumen alles zurück.

Man muss abhauen, sagte Dirk, damit man nicht ertrinkt.

Er guckte ganz düster, als käme im nächsten Moment das Hochwasser in unsere Küche, aber Mami sagte, niemand haut hier ab, und wenn einer glauben würde, dass sie ihr Haus für Plünderer und Diebe allein lassen würde, wäre er schief gewickelt!

Und niemand ertrinkt, beruhigte ihn Papi. Es ist ja keine Sturmflut, wie es die mal an der Nordsee gab. Stellt euch vor, da stieg das Wasser so hoch, dass die Menschen in ihrer Not auf die Häuserdächer kletterten und mit Hubschraubern geholt werden mussten!

Wir stellten es uns vor und rissen die Augen auf, und Björn in seinem Babysitz stellte sich auch irgendwas vor und schlug mit seiner kleinen Faust auf den Tisch, genau in den Teller mit dem Steckrüben-Eintopf.

Mami kann nicht aufs Dach, sagte Dirk, immer noch düster. Wegen ihrem Busen, der passt nicht durch die Dachluke, und bestimmt ist er auch zu schwer für einen Hubschrauber.

Na, vielen Dank auch, sagte Mami.

Papi sagte, keiner von uns muss aufs Dach. Er holte ein Wischtuch und machte den Tisch und Björn sauber. Aber Dirk guckte ihn und Mami und Mamis Busen nur nachdenklich an, und er stülpte seine Unterlippe so weit vor, dass sie fast aussah wie eine Regenrinne.

Am nächsten Tag spazierte Papi mit Dirk und mir durch den Regen zur großen Pferdewiese. Die lag über einen Kilometer flussabwärts, weit hinter dem letzten Haus in unserer Straße und weit weg von der Fußgängerbrücke über die Lahn, wo es zum Supermarkt ging. Ein Feldweg führte da hin, der war voller riesiger Pfützen, und alles war total matschig, also genau richtig für unsere Gummistiefel. An ein paar Stellen, wo die Wiese tiefe Dellen hatte, war sie komplett vollgelaufen mit Wasser. Das wäre hauptsächlich Grundwasser, sagte Papi. Das drückte nach oben, weil die Erde so vollgesogen war, dass nichts mehr reinpasste. Dirk und ich, wir guckten in die vollgelaufenen Dellen. Das Gras darin sah ganz normal aus, genau wie die Spitzmausgänge dazwischen, aber unter dem klaren Wasser wirkte es wie eine neue Welt voller kleiner Straßen und Tunnelröhren, durch die winzige U-Bahnen tuckern konnten.

Die Pferde waren schon abgeholt worden vom Besitzer, ihr Stall und der große Unterstand daneben waren leer. Das Gatter stand weit offen. Wir gingen direkt an den Fluss, und Dirk und ich kriegten Schiss und hielten Papi fest bei der Hand. Die Lahn war ein Strom geworden und trat schon ein bisschen übers Ufer. Ihr Wasser floss rasend schnell dahin, dickflüssig und gefährlich sah das aus, und die Regentropfen stachen da rein wie Millionen kleine Nadeln. Ihr haltet euch vom Fluss fern, so lange das Wasser steigt, sagte Papi, und er sagte, das ist keine Bitte, sondern ein Befehl! Dirk und ich konnten nur nicken, so gruselig fanden wir das silbrige schnelle Wasser.

Auf dem Nachhauseweg, als wir vom Feldweg zurück auf unsere Straße kamen, überholten wir Frau Pankel. Die kam vom Einkaufen, und Papi fragte, ob wir ihre zwei Taschen tragen sollten. Frau Pankel sagte, wenn Sie meine Taschen anfassen, Sie Halunke, jage ich Ihnen meine Hunde hinterher!

Wir wussten alle, dass Frau Pankel keine Hunde hatte, aber dafür einen Vogel. Das sagte ihr Papi dann auch – also, nur, dass sie keine Hunde hätte – und dann sagte er noch, wissen Sie denn nicht mehr, letzte Woche haben Sie mir noch diesen leckeren Marmorkuchen gebacken?

Ach, Sie waren das, sagte Frau Pankel und ließ sich endlich

die Taschen von Papi tragen. Er fragte, ob sie auf das Hochwasser vorbereitet wäre, das uns womöglich bevorstand, und Frau Pankel sagte, natürlich, mein Koffer ist schon seit Monaten gepackt, und Papi zwinkerte uns zu und machte ein witziges Gesicht, als hätte Frau Pankel nicht einen Vogel, sondern zwei.

Es gab noch einen dritten Vogel, den hatte Herr Grau. Der stand vor seiner Garage, aus der er seinen dunkelblauen Opel gefahren hatte. Er trug eine gelbe Gummijacke mit Schildkappe und wusch mitten im strömenden Regen den Wagen. Wir blieben kurz bei ihm stehen und guckten zu. Ist das denn sinnvoll, bei diesem Regen, sagte Papi irgendwann vorsichtig, aber Herr Grau antwortete bloß, heute ist Samstag, und dann nahm er sich seine Windschutzscheibe vor. Sie haben ja nicht alle Tassen im Schrank, sagte Frau Pankel, aber Herr Grau wischte nur noch emsiger über die Windschutzscheibe.

Nachdem wir Frau Pankel und ihre Taschen nach Hause gebracht hatten, gingen wir weiter bis zur großen Brücke über die Lahn, an der langen Mauer vorbei, die unsere Straße und die Häuser zum Fluss hin abgrenzte. Dauernd plitsch-platsch-plitschte der Regen und die Lahn rauschte und schäumte. Bis zur Mauerkrone waren es keine zwei Meter mehr. Wenn hier das Wasser drübersteigt, sagte Papi, dann läuft unser kleiner Stadtteil voll wie eine Badewanne.

Ich hielt Dirk bei der Hand, er drückte sie, und sein Mund machte wieder diese Regenrinnenschippe. Wenn wir zu Hause sind, sagte er nach einer Weile, können wir dann unser Schlauchboot aufblasen?

Ich fand, das war eine gute Idee, nur so zur Sicherheit. In das gelbe Schlauchboot passten prima zwei große Leute rein, oder drei bis vier Kinder. Wir hatten es vom Edersee mitgebracht, weil ein Loch drin gewesen war. Papi hatte es letztes Wochenende geflickt, das Schlauchboot war also wieder seetüchtig.

Papi streckte eine Hand aus, auf die von oben immer dickere Tropfen klatschten. Könnt ihr machen, sagte er. Aber vorher räumen wir den Keller aus und dichten die Gartentür mit Sandsäcken ab. Lange geht das nicht mehr gut!

Das Hochwasser kam in der folgenden Nacht, aber bis wir es bemerkten, war unser frisch geräumter Keller längst vollgelaufen. Wir hätten nämlich alles verpennt, wenn uns nicht um fünf Uhr morgens Lärm von der Straße geweckt hätte. Etwas klapperte und schepperte, und jemand schrie, das Wasser kommt, das Wasser kommt!

Dirk und ich sprangen aus dem Bett und stürzten ans Fenster. Draußen brannten keine Straßenlaternen. Dafür huschten Lichtstrahlen aus vier oder fünf Taschenlampen von allen möglichen Nachbarn über das, was gestern Abend noch die Straße gewesen war. Jetzt sah es aus wie ein kleiner See, und mittendurch platschte Frau Pankel.

Sie trug einen Morgenrock, ballerte zwei Topfdeckel gegeneinander und schrie wieder und wieder, das Wasser kommt, und drehte sich im Kreis, das Wasser kommt, das Wasser kommt! Selber stand sie schon bis zu den Waden drin.

Dirk versuchte Licht anzumachen, aber es ging nicht. Der

Strom war ausgestellt oder abgesoffen. Wir tasteten uns zur Zimmertür, und die ging plötzlich auf und vor uns stand Mami, mit einer brennenden Kerze in der Hand. Jungs, es ist so weit, sagte sie. Ihr könnt euch den Keller angucken, und Papi ist mit Björn unten in der Küche. Ich hab uns Schnittchen gemacht und Kakao, damit setzen wir uns ans Fenster und gucken raus, was meint ihr?

Wir fanden die Idee toll. Der Keller sah auch gar nicht besonders aus, einfach nur wie ein Keller mit viel Wasser drin. Die Sandsäcke, die Papi von der Feuerwehr geholt hatte, hielten die Gartentür ganz gut dicht, aber eben nicht ganz. Das Wasser stand an der vierten Treppenstufe nach oben. Insgesamt waren es neunzehn Stufen, da war also noch viel Platz bis ganz rauf, und Mami sagte, vorerst müssten wir uns keine Sorgen machen wegen dem Erdgeschoss.

In der Küche erwartete uns Papi mit der Taschenlampe und mit Björn, der nichts mitkriegte, weil er gegen Papis Schulter gelehnt pennte. Mami zündete ganz viele Kerzen an. Eine Weile war es total gemütlich mit dem Kakao und den Schnittchen, und gleichzeitig sehr aufregend, weil draußen so viel los war.

In manchen Häusern sah man ebenfalls Kerzen hinter den Fenstern, und dahinter die Schemen von Nachbarn, die sich alles genauso anguckten wie wir. Andere fuhren mit ihren Autos davon. Zu Fuß unterwegs war nur noch Frau Pankel, die mit ihrem Geschrei erst aufhörte und nach Hause schlappte, als Sirenengeheul vom Stützpunkt der Feuerwehr ertönte. Ihr Morgenmantel waberte ihr um die Beine, und man konnte erkennen, wie schnell und immer schneller das Wasser anstieg, weil, vorhin hatte man noch die Stiefel von Frau Pankel sehen können, aber inzwischen waren die schon unter Wasser. Frau Pankel konnte nur ganz schwere Schritte machen. Gut, dass die nach Hause geht, sagte Papi. Die Strömung ist nicht zu unterschätzen, wenn man Pech hat, wird man davon umgehauen und mitgerissen!

Und das war der letzte Moment voller Gemütlichkeit, denn plötzlich jaulte ein Motor laut auf. Scheinwerfer erhellten die Dämmerung. Sie leuchteten uns in die Gesichter, und die Regentropfen sahen darin aus wie vom Himmel fallende Diamanten. Was ist das denn, rief Mami, und Papi stöhnte laut, der hat sie doch wohl nicht alle!

Es war Herr Grau. Der hatte seinen Opel zu Rieders in den Garten gefahren, um die Beatles und Heino aus dem Gehege zu befreien und sie in das Auto zu laden. Damit fuhr er jetzt aus Rieders abschüssigem Garten runter auf die Straße. Er kam aber nur zwei Häuser weit, weil das Wasser schon höher war als seine Motorhaube. Die Schweinwerfer vom Opel leuchteten wie die Lichter von einem U-Boot. Gerade als Papi sagte, wenn das mal gut geht, ging es schlecht. Wasser lief unter die Haube, der Motor blubberte und ging aus.

Papi drückte Mami Björn in den Arm und Dirk seine Taschenlampe in die Hände. So ein Mist, rief er. Im Auto kann der Grau nicht bleiben, das läuft voll, da ertrinkt er, aber durch die Strömung schafft er es nie allein nach Hause, so unbeholfen, wie der ist!

Dirk fragte, ob unbeholfen ein anderes Wort für fett ist, aber da war Papi schon zur Küche raus. Wir rannten hinterher. Kaum hatte Papi die Haustür aufgeknallt, da tönte uns ein Schrei vom Nachbarhaus entgegen. Dort stand, wie ein Geist hinter den grauen Regenschleiern, Frau Pankel bis zu den Oberschenkeln im Wasser vor ihrer Haustür. Sie trug immer noch den klatschnassen Morgenrock und drückte sich einen kleinen roten Puppenkoffer gegen die Brust. Mein Schlüssel ist weg, rief sie, und ich kann nicht schwimmen, Hilfe, Hilfe! Über ihr drittes Hilfe hinweg ertönte ein ersterbendes Tröten. Das war die Hupe von Herrn Grau. Sie gab im selben Moment den Geist auf wie die Unterwasser-Scheinwerfer. Dirk leuchtete mit der Taschenlampe rüber, aber man sah nur außen das Auto und innen die aufgeregten Hühner. Es sah so aus, als lieferten sie sich auf Herrn Grau einen Kletterwettbewerb. Hilfe, Hilfe, schrie Frau Pankel wieder, und Herr Grau leierte sein Fenster ein Stückchen runter und schrie auch, Hilfe, Hilfe, verdammt!

Meine Güte, stöhnte Papi, was haben wir für Idioten als Nachbarn, und Frau Pankel und Herrn Grau rief er zu, bleiben Sie um Himmels willen beide, wo Sie sind, wir holen Sie ab!

Wer ist denn wir, sagte Mami. Etwa du, ich und die Kinder?

Papi zeigte nur zum Treppengeländer vom Vorhäuschen. Da hatten Dirk und ich gestern das frisch aufgeblasene Schlauchboot vertäut. Es war mit einer Plane abgedeckt, unter der lagen zwei Paddel. Gestern hatte das Boot noch einfach so im Garten gelegen, jetzt trieb und schaukelte es auf dem Wasser.

Ich ziehe dich mit dem Boot rüber zur Pankel, sagte Papi zu

Mami, die ihn nur anstarrte. Du lädst sie ein und ruderst mit ihr zurück, während ich mich um den Grau kümmere!

Es ist aber besser, wenn zwei Leute rudern, sagte ich, und Mami nickte ein bisschen erleichtert und band schnell ihr Kopftuch um, und Papi sagte, bestens, dann passt Dirk in der Zeit auf Björn auf.

Alles ging sehr schnell. Dirk nahm Björn entgegen, der mal wieder alles verpennte, und gab mir dafür die Taschenlampe, und Sekunden später saßen Mami und ich auch schon im Schlauchboot. Es war kalt unter dem Hintern und schwabbelig, aber ich wusste, dass es ein sehr gutes und sicheres Schlauchboot war. Papi stieg ins Wasser, als wäre unser Garten bloß eine etwas größere Badewanne. Er ging sofort los. Das Wasser reichte ihm bis zu den Hüften. Es stand so hoch, dass er das Boot mit uns drin einfach über unseren niedrigen Gartenzaun ziehen konnte.

Genauso einfach ging es drüben rein in den Garten von Frau Pankel. Da angekommen, gab Papi Mami einen Kuss wie im Film – also einen von denen, die so lange dauern, dass man weiß, da sind zwei Verliebte –, bevor er Frau Pankel mit ihrem Köfferchen ins Boot hievte und sagte, na, Sie sind mir aber mal ein leichtes Mädchen, und beide lachten. Dann streichelte Papi mir über den Kopf und stapfte durchs Wasser zurück zur Straße, auf den dunklen Opel zu, aus dem Herrn Graus Geschrei erklang und jede Menge Hühnergackern, und ich fand, ich hatte den mutigsten Vater auf der Welt.

Das hat aber lange gedauert, sagte Frau Pankel mit Meckerstimme. Ich werde mich bei der Fahrdienstleitung beschweren!

Da rudere ich Sie gerne hin, sagte Mami, aber nur, wenn Sie sich sofort hinsetzen und die Klappe halten!

Sie nickte mir zu, dass ich lospaddeln sollte, genau wie sie, und wir paddelten auch wie verrückt, aber irgendwas machten wir falsch. Wir bemerkten es daran, dass wir nach ziemlich viel Gepaddel erst langsam, dann aber immer schneller, an unserem Haus vorbeitrieben, und wir hörten es außerdem an Papis Geschrei, ihr müsst abbiegen, seid ihr verrückt geworden, ihr müsst abbiegen, wo fahrt ihr denn hin!

Ich leuchtete mit der Taschenlampe in seine Richtung und sah ihn mit Herrn Grau bis zum Bauch im Wasser stehen. Sie hatten die Hühner unter den Armen und auf sich drauf, aber es waren nur die Beatles, von Heino war nichts zu sehen.

Das hast du jetzt davon, rief Mami zurück, dass dir zum Frühstück ein paar Eier wichtiger sind als ein glückliches Kinderlachen! Ruf gefälligst die Feuerwehr an, dass die ein Boot hinter uns herschicken!

Ist gut, brüllte Papi, aber passt bloß auf euch auf!

Ich fand, er und Herr Grau sollten besser auf sich selber aufpassen. Von weitem sah es so aus, als hingen die Hühner an ihnen wie verzweifelte, dicke braune Federkugeln an zwei genauso verzweifelten Weihnachtsbäumen.

Mein Taschenlampenstrahl glitt von Papi weg und an unserem Haus hoch, und da bemerkte ich eine Bewegung oben auf dem Dach. Als ich hinleuchtete, konnte man prima sehen, wie Dirk sich gerade durch die Dachluke nach draußen drückte, mit Björn dicht an seiner Brust im Tragegurt. Die beiden passten haargenau durch die Luke. Ich machte den Lampenstrahl schnell weg, damit Mami nichts sah, zum Beispiel, dass zwei von ihren Kindern zusammen weniger dick waren als sie ganz allein mir ihrem Busen. Das blaugraue Dämmerlicht reichte mir aber aus, um zu sehen, dass Dirk es sich mit Björn auf der kleinen Treppe für den Schornsteinfeger bequem machte, um dort – da war ich sehr sicher – auf den Hubschrauber zu warten, von dem er glaubte, dass er ihn und Björn bald abholen kommen würde.

Als wir aus unserer Straße in Richtung Wiesen und Felder trieben, hörte Mami mit dem Paddeln auf und legte die Plane über unsere Beine, damit wir nicht total vollregneten.

Sie zeigte auf Frau Pankels rotes Köfferchen und fragte, was haben Sie da eigentlich Hübsches drin?

Frau Pankel machte das Köfferchen auf, guckte rein und sagte überrascht, mein Haustürschlüssel!

Da freuen wir uns aber alle, sagte Mami. Und sonst noch?

Marmorkuchen, erwiderte Frau Pankel, und dass der für den netten Mann von nebenan wäre, der ihr neulich den Einkauf getragen hätte, und ob wir den kennen würden.

Manchmal kenne ich ihn, sagte Mami und grinste, und manchmal nicht.

Kantapper, kantapper ging es das Wasser hinunter. Ab und zu kriegte man von einer Woge einen kleinen Schubs unter den Hintern, dabei klatschte es, und dann japste Frau Pankel jedes Mal und rief, ich wünsche sofort die Fahrdienstleitung zu sprechen! Mami war schon total genervt. Aber dann beruhigte sich das Wasser, und ich kuschelte mich in Mamis Arm, und Frau Pankel schwieg. Man hörte nichts, außer dem Plätschern des Regens und dem Gluckern und Rauschen vom Fluss, das machte einen ganz müde. Mir fiel ein, dass in ein paar Wochen Klassenfahrt war und ich hoffte, dass die nicht ins Wasser fiel. Dann guckte ich mir weiter die Landschaft an, wie sie im heller werdenden Licht an uns vorbeizog, mit dem hohen Hang voller Bäume auf der einen Seite und dem Tal auf der anderen, das jetzt ein See war, aus dem in der Ferne hier und da ein paar Häuser guckten und außerdem noch, viel näher an uns dran –

Seht mal da, rief ich aufgeregt, seht doch mal!

Erst hatte ich es nicht erkannt, aber jetzt wusste ich es: Wir tuckerten mit dem Schlauchboot direkt über die Pferdewiese, und vor uns war der große Stall zu sehen und der hohe Unterstand. Beide Gebäude ragten noch über einen halben Meter aus dem Wasser raus. Unter dem Unterstand, ziemlich weit hinten, wo es dunkel war, paddelte etwas Helles, von dem ich erst dachte, es wäre eine Ente. War es aber nicht, stellten wir beim Näherkommen fest.

Du meine Güte, ist das etwa ein Huhn, sagte Mami.

Das ist Heino, sagte ich.

Hühner können nicht so gut schwimmen wie Enten, weil sie keine Schwimmhäute haben, und wenn man sie einfach so ins Wasser wirft, werden sie panisch und gehen unter. Aber wenn alles schön ruhig und gemütlich vor sich geht, schwimmen sie wie ein Korken.

Frau Pankel, jetzt müssen Sie ran, sagte Mami, und beide

begannen zu paddeln. Heino hatte unsere Stimmen gehört und paddelte auch, auf uns zu. Ich wollte ihn gerade ins Boot heben, da rief Frau Pankel, ich muss schon bitten, Tiere an Bord waren mit der Fahrdienstleitung nicht abgesprochen, entweder das Huhn oder ich, und Mami sagte sofort, fein, wir nehmen das Huhn!

Frau Pankel guckte sie beleidigt an und maulte, na gut, in diesem Fall würde sie ausnahmsweise von einer Beschwerde absehen, aber dann sollte sich bloß keiner wundern, wenn wegen den spitzen Krallen von dieser dummen Glucke das Schiff absaufen würde!

Es war ganz leicht, Heino ins Boot zu heben. Fast genauso leicht war unsere Landung. Wir glitten langsam von vorn auf den Pferdestall zu, ich konnte also bequem aufstehen und mich an der Dachkante festhalten. Mami kletterte zuerst raus, half mir und Heino, und dann hievten wir gemeinsam Frau Pankel hoch, die wirklich so leicht war wie eine Feder. Zuletzt bugsierten wir noch das Schlauchboot rauf. Falls das Wasser höher als das Dach stieg, hatte Mami beschlossen, würden wir einfach weiterfahren. Aber das tat es nicht. Ich hielt das Gesicht in den Himmel, und nichts Nasses fiel drauf.

Es regnete nicht mehr.

Dirk war ein bisschen neidisch, weil ich gerettet worden war und er nicht. Immerhin, sagte er später, war es nur ein Boot von der Feuerwehr gewesen, das uns auf der Pferdewiese eingesammelt hatte, und kein Hubschrauber. Ihn und Björn hatte Papi vom Dach geholt, nachdem der erst im ganzen Haus vergebens nach seinen zwei übrigen Söhnen gesucht hatte. Mami sollte das besser erst später erfahren, sagte Papi, damit sie sich nicht aufregte.

Noch nie war mir unsere Küche so kuschelig und warm vorgekommen wie an diesem Morgen nach unserer Rettung. Mami hatte Frau Pankel eingeladen und Herrn Grau mit den Hühnern, damit sich keiner einsam fühlte.

Sie kochte Kakao und Tee und Kaffee, und wir aßen dazu den leckeren Marmorkuchen von Frau Pankel und guckten den leise gackernden Beatles und Heino zu, wie sie Krümel aufpickten, die zu Boden fielen. Björn krabbelte zwischen ihnen herum, und für ihn ließen Dirk und ich manchmal einen extra dicken Krümel fallen. Alle hatten wir Wolldecken und Bettdecken über den Schultern, und wir hörten gespannt Radio mit Batterie. Da wurde durchgesagt, das Schlimmste wäre überstanden, es sei nur ein kleines Hochwasser, mit dem Regen wäre nun auch endlich Schluss, und wenn bei einem zu Hause alles in Ordnung wäre, sollte man sich um seine Nachbarn kümmern, guten Tag.

Tja, sagte Herr Grau, das haben Sie ja alle schon getan, und meinen herzlichsten Dank für alles, vielen Dank!

Ja, vielen Dank, sagte Frau Pankel, auch wenn ich mich bald verabschieden muss, ich mache mir nämlich Sorgen um meinen Garten. Wissen sie, ich habe seit Tagen die Blumen nicht gegossen!

AGATHE AUF GROSSER FAHRT

Die Sonne knallte vom Himmel runter, es war superheiß und das totale Gewimmel auf dem Bahnsteig.

Überall rannten aufgeregte Kinder durch die Gegend und Mami stand zwischen anderen Mamis und heulte vor lauter Abschied, als ob sie mich jahrelang nicht wiedersehen würde. Ein paar von den anderen Mamis heulten auch. Nur die Papis trauten sich nicht.

Dabei sollte die Klassenfahrt doch nur eine Woche dauern.

Ich stand neben meiner großen Reisetasche, die voll war mit Klamotten, trug meinen kleinen grünen Rucksack und war stinksauer, weil ich keine Cola mitnehmen durfte, sondern nur labberigen Tee ohne Zucker. Der war dazu auch noch in so einer kleinen Plastikflasche, mit Rotkäppchen drauf.

Echt was für Babys, sagte Dirk und grinste.

Ich sagte gar nichts. Der war nur sauer, weil er selber keine Klassenfahrt hatte.

Wir sollten eine Woche mit Frau Weide und Herrn Holm, dem Sportlehrer, in Ulm verbringen.

Ulm ist eine Stadt irgendwo auf der Karte unten links. Es gibt da eine Kirche, die heißt Ulmer Münster, und rundrum sind Berge, die heißen Schwäbische Alb, und auf beide würden wir draufklettern. Außerdem gab es da noch Spätzle und Maultaschen, das wär was zum Essen und eine Spezialität, hatte Frau Weide gesagt. Kriegte man wahrscheinlich, wenn man mit dem blöden Gekletter fertig war.

Kirchenmünster und Albenberge und Spätzle und Maultaschen!

Ich fand die Idee bekloppt. Rumklettern konnte man bei uns auch, auf dem Schlossberg. Wir hatten auch eine eigene Kirche und genug zu essen gab es auch immer. Wenn schon eine Klassenfahrt, dann hätte man ja nach Afrika fahren können oder an die Nordsee, hatte ich gedacht. Susanne hatte vorgeschlagen, nach Disneyland in Amerika zu fahren und Mickymaus zu besuchen, aber das war Frau Weide zu teuer.

Es war nix zu machen, wir mussten nach Ulm.

Frau Weide hatte in der Klasse gestanden und gesagt, in Ulm, um Ulm und um Ulm herum, da hätten wir dann bestimmt jede Menge Spaß, haha, und dabei hatte sie wie üblich an ihrer Kette rumgewurstelt. Dann hatte sie gesagt, der liebe Herr Holm, der kommt auch mit.

Behruz und Uli hatten laut gestöhnt.

Weil, die Idee mit den Maultaschen und dem Spätzlezeug zum Essen fanden sie natürlich klasse. Aber Herr Holm, der hatte nur seinen Sport im Kopf, der würde bestimmt die ganze Zeit durch die Gegend klettern wollen. Behruz sagte in der Pause, da geht's dann jeden Tag Berg rauf, Berg runter, Berg rauf, Berg runter, und am Schluss wäre er dann bestimmt ohnmächtig und würde von den Maultaschen nichts mehr mitkriegen.

Uli stand neben Behruz und nickte. Seit sie zusammen in

162

das Sprungtuch gehüpft waren, letztes Jahr, waren sie die besten Kumpels.

Jedenfalls, jetzt standen wir am Bahnsteig rum und warteten auf den Zug und ich hatte die doofe Flasche mit Rotkäppchen drauf und mit Tee ohne Zucker drin um den Hals hängen.

Du bist der Einzige hier mit so einer doofen Flasche, sagte Dirk laut. Jeder konnte es hören und alle guckten mich an.

Schön peinlich war das.

Aber dann kam der Zug. Frau Weide rannte wie eine Verrückte hin und her, damit bloß niemand vergessen wurde, und sie zupfte an ihrer Kette rum und Herr Holm grinste die Mamis an mit seinen weißen Sportlehrerzähnen.

Mami drückte mich ganz fest und heulte immer noch. Sie sagte, ich sollte auf mich aufpassen und keine Dummheiten machen.

Das sagten fast alle Mamis und Papis rundrum zu ihren Kindern und ich dachte, die haben's nötig, die Eltern. Wenn man nämlich nicht dauernd auf die aufpasst, machen sie nur Scheiß und wir sind die Angeschmierten, weil, am Schluss lassen sie sich dann scheiden, wie die Eltern von Christiane.

Christiane war nur von ihrer Mutter an den Bahnhof gebracht worden.

Papi gab mir einen Kuss auf die Backe und sagte, hör auf die Mami und mach keinen Blödsinn, Junge!

Ohne Blödsinn ist es aber langweilig, sagte Dirk.

Aber das hörte ich kaum noch, weil ich schon halb im Zug

drin war. Ich wollte nämlich unbedingt mit Richard und Behruz und Uli und Susanne und Christiane in einem Abteil sitzen.

Es war ein mordsmäßiges Geschiebe und Geschubse in dem Zugwaggon und von irgendwo rief die Stimme von Frau Weide, Kinder, macht doch nicht so ein Durcheinander!

Uli quetschte sich von hinten durch den engen Gang. Er sah aus, als hätte er zugenommen, weil sein Bauch noch dicker war als sonst. Behruz drängelte sich direkt hinter ihm und fluchte auf Persisch. Richard und ich, wir kamen von der anderen Seite, und Susanne und Christiane standen schon vor einem leeren Abteil, das sie für uns besetzt hielten.

Da schmissen wir alle unsere Taschen und Rucksäcke rein und dann stellten wir uns an die Fenster und winkten unseren Eltern zu, als draußen der Schaffner pfiff und der Zug langsam losrollte.

Dirk schrie, gute Reise, gute Reise und dann fuhr der Zug um eine Kurve und dann war niemand mehr zu sehen.

Es war klasse in dem Abteil. Wir verstauten unser Zeug in den Gepäcknetzen und dann zogen wir die Sitze nach vorne raus, das war dann wie eine große Liege, mit massenweise Platz drauf. Susanne hatte ganz viele Mickymausheftchen mitgenommen, die sie an uns verteilte, und wir packten unser Essen und Trinken aus und machten es uns so richtig gemütlich.

Behruz trank meinen labberigen Tee und gab jedem von uns ganz leckere kleine Fleischbällchen.

Susanne fragte, was das für tolle Dinger wären.

Behruz sagte, das ist Dschudschekabab.

Richard spuckte vor Lachen fast sein Dschudschedings aus und rief, das ist was?

Dschudschekabab, meinte Behruz.

Klasse, meinte Uli, der sich so viel von dem Dschudschezeug in den Mund gestopft hatte, dass es ihm beim Sprechen fast wieder rausfiel. Und woraus ist das gemacht?

Hühnerküken, sagte Behruz.

Christiane kreischte und schmiss ihr Dschudsche weg. Es landete oben im Gepäcknetz.

Wie, sagte Susanne, wir essen kleine süße Hühner?

Behruz sagte, die wären nicht süß, weil sie nämlich vor dem Backen in eine scharfe Soße gelegt würden, und wir sollten uns nicht so anstellen, denn wir würden ja auch erwachsene Hühner essen.

Stimmt, sagte ich, und ihre Eier auch.

Christiane wollte was antworten, aber sie guckte gerade zufällig auf Ulis Bauch und sofort kreischte sie wieder los. Wenn sie noch Dschudsche gehabt hätte, hätte sie es bestimmt dem anderen ins Gepäcknetz hinterhergeworfen.

Ulis Bauch bewegte sich nämlich. Etwas krabbelte unter seinem Hemd herum.

In dem Moment ging die Abteiltür auf und Frau Weide guckte rein. Na, ihr Kinder, sagte sie, vertragt ihr euch auch schön?

Uli legte ganz schnell die Hände über seinen Bauch.

Wir essen gerade persische Maulhühnchen, sagte Richard und strahlte Frau Weide an, als wäre er Herr Holm mit seinem blitzweißen Gebiss.

Behruz und ich, wir strahlten auch.

Frau Weide zupfte an ihrer Kette und sagte, so, so, äh, und dass sie uns nur mitteilen wollte, dass wir in drei Stunden ankommen würden, und bis dahin sollten wir uns benehmen und die Finger von der Notbremse lassen, haha, zupf, zupf.

Susanne sagte, alles klar, und schielte dabei auf Ulis Bauch.

Frau Weide machte die Abteiltür wieder zu.

Fünf Sekunden lang war es ganz still. Dann brüllten wir alle durcheinander und wollten von Uli wissen, was er da unter seinem Hemd versteckt hatte.

Das, sagte Uli und zog dabei sein Hemd hoch, ist Agathe!

Was da auf Ulis Speckbauch saß und mit komischen kurzen Beinchen strampelte, war eine Schildkröte. Sie war ziemlich klein, fünfzehn Zentimeter lang oder so, und sie sah klasse aus mit ihrem glänzenden Panzer, ihrem Stupsnasengesicht und dem kleinen Schwänzchen, das hinten unterm Panzer rausguckte.

Wir waren total platt.

Eine echte Schildkröte, flüsterte Christiane.

Das gibt Ärger, sagte Behruz. Wenn der Holm oder die Weide Agathe sieht, dann kommt sie garantiert in die Suppe.

Richard fragte, warum Uli sie mitgenommen hätte, die Schildkröte, und Susanne fragte, ja, warum überhaupt?

Blöde Frage, sagte Uli. Total blöde Frage. Natürlich weil sie das Ulmer Münster sehen will.

Die Jugendherberge, in der wir übernachteten, war supertoll.

Gleich am ersten Tag gab es als Mittagessen diese Maultaschen. Ich wusste nicht, warum die so hießen, weil, ein Maul hatten sie nicht und wie Taschen sahen sie auch nicht aus, jedenfalls nicht so richtig. Eigentlich waren sie wie große Ravioli, nur nicht so lecker.

Aber Behruz fand sie klasse und er steckte sich welche in die Hosentaschen, für später, sagte er.

Als er sie nachmittags rausholen wollte, waren sie total zermatscht. Nicht mal Agathe wollte die Matsche fressen. Verhungern musste sie aber nicht, weil wir abgemacht hatten, beim Essen in der Jugendherberge jedes Mal irgendwas für sie zu klauen, Tomaten und Salat und Obst.

Eigentlich war Agathe ziemlich langweilig. Die meiste Zeit steckte sie sowieso bei Uli unterm Pullover. Sie tat mir ein bisschen leid, weil sie nicht draußen im Gras rumkriechen konnte, wie sie es von zu Hause gewohnt war. Nachts setzte Uli sie in seine Reisetasche, da konnte Agathe drin pennen.

Richard und Behruz und Uli und ich, wir hatten ein Zimmer zusammen im zweiten Stock. Die Mädchen waren in Extrazimmern, was ich doof fand, weil es super gewesen wäre, wenn Susanne und Christiane auch bei uns geschlafen hätten.

Es war aber auch so ganz lustig.

Am zweiten Abend, als wir eigentlich schon schlafen sollten, machten wir ein Wettpinkeln aus dem Fenster raus. Dazu stellten wir uns immer zu zweit nebeneinander auf die Fensterbank und die anderen beiden waren Schiedsrichter und mussten sagen, wer am weitesten und am meisten gepinkelt hatte.

Behruz wollte erst nicht mitmachen, weil er Angst hatte,

beim Pinkeln aus dem Fenster zu fallen, und dann würde er womöglich mit runtergezogener Hose tot auf dem Rasen liegen.

Dann hat er aber doch mitgemacht und sogar gewonnen, der Blödmann. Er pinkelte fast doppelt so weit wie Uli und am allerlängsten von uns allen.

Ich nahm mir vor, morgen beim Abendessen jede Menge Tee zu trinken.

Am dritten Tag von unserer Klassenfahrt, da gingen wir dieses Münster besichtigen.

Ich fand es toll, weil die Wände wahnsinnig hoch waren, und überall gab es so schöne Sachen, riesengroße bunte Fenster, Figuren aus Stein und sogar Männer aus Holz, die auf Bänken saßen, als wären sie beim Beten. Sie guckten genauso heilig wie zu Hause die Pinguine.

Frau Weide und Herr Holm, die gingen die ganze Zeit zusammen durch die Kirche und achteten fast überhaupt nicht auf uns.

Nach der Besichtigung kletterten wir auf einen von den Kirchentürmen rauf, mindestens drei Millionen Stufen. Susanne wurde schlecht, als wir oben ankamen und runterguckten. Es war ganz windig und so hoch, dass man, wenn man runterspuckte, nicht sehen konnte, wenn die Spucke unten ankam. Die Häuser und die Autos und die Menschen sahen winzig klein aus, wie Ameisen.

Uli hatte Agathe natürlich mitgenommen. Er hatte sie wieder unter seinem Pullover versteckt, und als wir auf dem Turm standen, holte er sie raus und hielt sie in die Luft, damit sie alles sehen konnte. Das sollte ihr großer Augenblick sein, aber Agathe fand es nicht so toll, glaube ich. Sie ruderte nur mit den Beinen rum und zog den Kopf in ihren Panzer ein. Wahrscheinlich hatte sie Angst vor einem Absturz.

Richard schaute runter auf die Stadt und sagte, es wäre viel besser, hier vom Kirchturm runter Wettpinkeln zu machen statt in der Jugendherberge aus dem Fenster raus.

Behruz fand die Idee klasse. Er hatte sich gerade die Hose aufgemacht, als Frau Weide um die Ecke kam und sich zu uns stellte.

Herrlich, Kinder, sagte sie, so ein schöner Ausblick, aber jetzt sollte Behruz seinen Schniepel wieder einpacken, wir müssten nämlich zurück in die Herberge. Dann guckte sie rauf in den blauen Himmel und sah dabei so aus, als hätte sie total gute Laune.

Behruz sah so aus, als würde er zusammen mit seinem Schniepel am liebsten vom Kirchturm springen, so peinlich war ihm alles. Er machte sich mit knallrotem Kopf die Hose zu und versuchte ganz unauffällig zu pfeifen. Uli hatte sich Agathe schnell zurück unter den Pullover gestopft.

Dann gingen wir die vielen Treppen wieder runter, hinter Frau Weide her, die ein Lied summte.

Am vierten Tag, da hatten wir schließlich den Salat. Weil nämlich, Frau Weide kam beim Frühstück zusammen mit Herrn Holm in den Speiseraum. Sie hatte ganz rote Backen und immer noch gute Laune und zupfte kein einziges Mal an ihrer Kette rum.

Liebe Kinder, sagte sie, heute gehen wir nun endlich wandern, und zwar zum Blautopf.

Und sie erklärte, der Blautopf, das wäre so ein kleiner See, irgendwo weit entfernt von der Jugendherberge, mit klasse blauem Wasser drin.

Christiane fragte, wie weit weg der wäre, der Blautopf, und Herr Holm sagte, ja, also, da müssten wir ein kleines Stückchen laufen. So ungefähr fünfzehn Kilometer. Dafür hätten wir ja alle unsere Wandersachen mitgenommen und in einer halben Stunde würde es losgehen.

Frau Weide lächelte Herrn Holm an und Herr Holm machte sein Sportlehrergrinsen.

Susanne schnappte nach Luft. Wenn sie vor dem Essen nicht ihre Zahnspange rausgenommen hätte, wäre sie ihr bestimmt aus dem Mund gefallen.

Fünfzehn Kilometer, japste sie.

Dreißig, hin und zurück, sagte Christiane.

Die spinnen, der Holm und die Weide, flüsterte Richard.

Die spinnen nicht, sagte Susanne, die sind verknallt und wir hätten noch Glück gehabt, dass sie uns nicht hundert Kilometer laufen lassen würden, weil, Verliebten wäre alles egal.

Behruz fragte Susanne, woher sie das wissen wollte, dass die verliebt ineinander wären.

Susanne guckte ihn an, als wäre er der dümmste Mensch auf der Welt. Frauen fühlen so was, flüsterte sie, und zwar, wenn zwei Leute verliebt sind, dann wären da solche Schwingungen in der Luft.

Behruz guckte zu Frau Weide rüber, die neben Herrn Holm saß, und dann guckte er Herrn Holm an und dann die Luft über den beiden.

Da schwingt nix, sagte er zu Susanne.

Wart's ab, sagte Susanne und steckte sich ihre Zahnspange in den Mund.

Fünf Stunden später saß Uli auf einem Baumstamm am Rand von diesem doofen Topf, der kein bisschen blau war, und jammerte, dass er Blasen an den Füßen hätte. Er hatte seinen Rucksack neben sich gestellt, wo Agathe drin war. Sein Kopf war vor lauter Anstrengung puterrot und er schwitzte wie verrückt.

Ich hatte das Wandern okay gefunden und Richard und Christiane auch. Die Sonne schien, aber es war viel Wind und nicht zu heiß und überall brummelten Insektenviecher durch die Gegend. Wir hatten uns Witze erzählt und Lieder gesungen, zusammen mit den anderen Kindern aus unserer Klasse. Und zwischendurch hatten wir Frau Weide und Herrn Holm beobachtet, um nicht zu verpassen, falls irgendwas schwingen würde.

Herr Holm sah richtig klasse aus, mit Kniebundhosen und Wanderschuhen, und Frau Weide hatte einen witzigen kleinen Hut auf.

Behruz war unterwegs schon so motzig gewesen, wie Uli es jetzt war, und Susanne hatte auch schon eine Stunde, bevor wir angekommen waren, angefangen zu fluchen.

Das wäre Kindermord, diese Wanderei, hatte sie geschnaubt,

und wie gemütlich wir es jetzt in Disneyland haben könnten, mit Mickymaus und Balu aus dem Dschungelbuch und allem Drum und Dran! Und dass sie dem Nächsten, der *Das Wandern ist des Müllers Lust* singt, auf die Fresse hauen würde.

Na ja, und dann waren wir endlich am Blautopf angekommen und der war noch langweiliger als Agathe. Einfach so ein großer Tümpel mit einem Haufen Wasser drin und ein paar Colabüchsen drauf und rundrum Wald.

Frau Weide fand ihn natürlich total klasse und Susanne sagte, so, wie die verknallt wäre, würde Frau Weide auch eine stinkige Jauchegrube klasse finden.

Und dann, als Herr Holm gerade in den Wald gegangen war, um mal auszutreten, da passierte es.

Uli stand von seinem Baumstamm auf und hüpfte von einem Blasenfuß auf den anderen und dabei stieß er gegen seinen Rucksack. Es machte platsch und da lag der Rucksack mit Agathe drin auch schon im Blautopf!

Christiane schrie.

Uli kreischte, dass Agathe ersäuft und dass er nicht schwimmen könnte und Agathe auch nicht, weil sie eine Landschildkröte wäre.

Frau Weide fragte, was für eine Kröte?

Aber da platschte es schon wieder, das war Behruz, der hinter dem Rucksack hergesprungen war. Der nächste Platscher kam von Susanne, die hinter Behruz hersprang, und der nächste von Frau Weide, die sich hinter Susanne her ins Wasser warf.

Wir kreischten wild durcheinander und rannten um den

Blautopf rum und es sah klasse aus, wie alle durch den Teich paddelten.

Behruz hatte den Rucksack gepackt und hielt ihn hoch über seinen Kopf und Susanne hatte Behruz mit einem richtigen Rettungsschwimmergriff gepackt und zog ihn ans Ufer. Richard half den beiden dabei, aus dem Wasser zu klettern.

Frau Weide konnte im Wasser stehen, weil es ihr nur bis an den Busen ging, und ihre Perlenkette schwamm ihr um den Hals. Hatte ich mir ja schon immer gedacht, dass das keine echten Perlen waren, sondern welche aus Holz oder Plastik. Zwei Meter hinter Frau Weide trieb ihr kleiner Wanderhut auf dem Wasser.

Als alle schon längst an Land waren und sich die Haare ausschüttelten und Susanne sich mit einem Taschentuch von Christiane die Brille trocken wischte, kam Herr Holm endlich aus dem Wald gerannt.

Frau Weide warf sich in seine Arme, wie in einem Liebesfilm, und in alle Richtungen spritzten Wassertropfen. Und dann hat Herr Holm sie echt geküsst, ein paarmal, richtig auf den Mund, und er sagte dabei, Johanna, mein Liebes, mein Geliebtes!

Uli holte Agathe, die nur ein bisschen nass geworden war, aus dem Rucksack raus. Er hielt sie sich ganz dicht vor sein Gesicht und sagte, Agathe, mein Allergeliebtestes, und gab ihr auch einen Kuss, auf den Panzer.

Alle lachten sich tot und dann sagte Herr Holm, also, nach diesem nassen Abenteuer könnten wir unmöglich in die Jugendherberge zurücklaufen und dass er ins nächste Dorf gehen würde, um zu telefonieren, damit uns ein Bus abholt.

Das war die beste Idee!

Als wir eine Stunde später in den Bus eingestiegen waren und abfuhren, da guckte ich noch mal zum Blautopf, auf dem immer noch Frau Weides kleiner Hut herumschwamm.

Gott sei Dank waren Frau Weide und Herr Holm nicht sauer auf Uli wegen Agathe. Sie durfte sogar beim Abendessen auf dem Tisch rumkrabbeln und die Köchin aus der Herberge machte ihr einen Extrateller voll mit grünem Salat.

Nach dem Essen hatten wir noch eine Stunde frei, bevor wir ins Bett mussten. Richard und Uli und Christiane wollten Tischtennis spielen, also brachte ich Agathe auf unser Zimmer, um sie in ihre Schlaftasche zu setzen.

Ich streichelte ihren dicken Schildkrötenpanzer und sie strampelte mit ihren kleinen Krallenfüßen. Dirk hätte Agathe klasse gefunden, das wusste ich. Er fand alles klasse, was ich auch klasse fand. Deshalb war er der beste Bruder auf der Welt.

Mit Agathe auf dem Arm stellte ich mich an das Wettpinkelfenster und guckte raus.

Hinten auf der Wiese konnte ich Behruz sehen, der neben Susanne im Gras saß. Sie hielten sich an der Hand, und als Susanne Behruz einen Kuss auf die Backe gab, da wusste ich, warum sie hinter ihm her in den Blautopf gesprungen war.

Weil, die Luft war voll mit Schwingungen.

DANN MACH DOCH!

Zur Geschichte von »Dirk und ich«

Die häufigste zu *Dirk und ich* gestellte Frage lautet: Ist das alles wirklich passiert? Gibt es einen Dirk, gibt es einen Björn, und habt ihr Brüder all diese Abenteuer tatsächlich erlebt? Meine Antwort darauf fällt immer gemischt aus: Ja, die Brüder sind echt, die Freunde im Buch ebenso (auch wenn einige Namen verändert sind), und die meisten der Geschichten haben einen wahren Kern. Um den herum habe ich mal hier, mal dort vielleicht ein wenig übertrieben, aber nur, um die Storys dadurch noch lustiger zu machen. Menschen lachen nun mal gerne. Ganz und gar ausgedacht ist bloß *Der Plastiksack*, und auch wenn es fantastisch klingt: Ausgerechnet jene Geschichte, die von den meisten Lesern nicht nur für die lustigste, sondern auch für die übertriebenste gehalten wird, hat sich beinahe bis aufs Wort genau so ereignet, wie ich sie schildere – das *Spaghettimonster* gab es wirklich. Aber so ist das: Viele Geschichten erkennt man eben daran als wahr, dass sie so unglaubwürdig sind. Bekommt man sie erzählt, dann klingen sie so, als stammten sie aus einem Hollywood-Film oder von jemandem, der sie von jemandem kennt, der sie von jemandem gehört hat, der wiederum ...

Dirk und ich sind wirklich Brüder. Wie im Buch trennen uns auch im wahren Leben zwei Jahre, Dirk ist der Jüngere von uns beiden. Seit ich ihn kenne – also seit immer – zeichnete und malte er gern, als Kind, als Jugendlicher, und als er erwachsen war, studierte er Porzellanmalerei und Design. Irgendwann wollte er außerdem sein Glück als Illustrator versuchen, also als einer, der Bilder für Bücher macht. Vom Carlsen Verlag in Hamburg erhielt er einen Probeauftrag. Heute ist Carlsen ein

sehr, sehr großer Verlag, aber damals war Carlsen ein kleiner Verlag, am ehesten bekannt für anspruchsvolle Comics, für die quadratischen kleinen Pixi-Heftchen und wegen seiner Bücher für Leseanfänger.

Jetzt kommt der Hollywood-Teil: Dirk zeigte mir den Text, den er probeweise illustrieren sollte. Ich möge mal reinschauen, Stellen aussuchen, von denen ich fände, dass sie sich gut für Bilder eigneten. Ich schaute rein. Der Text gefiel mir überhaupt nicht. Ich sagte zu Dirk, so was kann ich auch, und Dirk sagte, dann mach doch! Also verfasste ich am folgenden Abend

einen eigenen Text. Ich hatte nie mit dem Gedanken gespielt, Schriftsteller zu werden, so wurde dies die erste Kurzgeschichte meines Lebens, und ich schickte sie an Carlsen mit einem kleinen Brief: So hat gefälligst eine gute Kindergeschichte auszusehen, mit freundlichen Grüßen! Ein halbes Jahr lang hörte ich nichts vom Verlag, was nicht schlimm war, denn nach einem Vierteljahr hatte ich den Spaß bereits vergessen. Ich musste meine Magisterarbeit an der Uni schreiben, da blieb für Kindereien sowieso kein Platz. Dann aber kam eine Antwort von Carlsen mit der Frage, ob ich vielleicht noch mehr solcher Geschichten ... Und zuletzt erhielt ich einen Vertrag, weshalb ich nun, zeitgleich mit meiner Magisterarbeit, mit der Arbeit an *Dirk und ich* begann, und es war ziemlich ungerecht vom Schicksal, dass es für Dirk, dem ich somit meinen Beruf zu verdanken habe, noch zwanzig Jahre dauern sollte, bis seine eigene Berufung sich endlich erfüllte: Im Herbst 2011 erschien mit *Die Wolke* sein erstes großes Bilderbuch, dem inzwischen viele weitere folgten.

Jene erste Geschichte, die damals entstand, war *Karotten im Weltall*, unser kleiner Bruder Björn war also von Anfang an dabei. (Allerdings ist Björn in Wirklichkeit ganze zwölf Jahre jünger als ich, und auch wenn er für uns immer der kleine Bruder bleibt, ist er doch der größte von uns dreien. Er ist Elektriker geworden und hat zwei ganz und gar entzückende Töchter, Lynn und Amy. Ich beobachte die beiden genau. Wäre ja möglich, man könnte mal ein Buch über sie schreiben.) Die zweite Story, die damals entstand, war *Schweine, Leitern, Mischmaschinen*. Zuletzt schrieb ich *Der Plastiksack*, die Entstehungs-Reihenfolge der übrigen Geschichten habe ich vergessen.

Nach seiner Veröffentlichung im Herbst 1991 hielt mich *Dirk und ich* eine Weile auf Trab. Da war zum Beispiel die Angst, womöglich den Geschmack kindlicher Leser nicht getroffen zu haben. Sie wurde mir, erfreulicherweise, schnell genommen: Zum Erscheinen des Buchs hielt ich eine Lesung – meine erste überhaupt – im Spiegelzelt der Frankfurter Buchmesse. Vor mir saß, in der ersten Reihe, ein etwa achtjähriger Junge. Der kippte – das ist nicht gelogen, ausgedacht oder übertrieben – vor lauter Lachen irgendwann rückwärts von der Bank, wofür ich ihm heute noch dankbar bin, denn jede seitdem folgende Autorenlesung absolvierte ich mit Lässigkeit und Selbstbewusstsein.

Erwachsene betrachteten *Dirk und ich* ungleich kritischer. Ich erhielt entsetzte Briefe (zu fast einhundert Prozent von Lehrern), die der bewusst kindlich gehaltenen Sprache und Erzählform nichts, aber auch gar nichts abgewinnen konnten. Und zähneknirschend gab ich ihnen Recht; nicht aus Verkaufsgründen, sondern weil ich das Argument einleuchtend fand, dass man als Kinderbuchautor eine gewisse Verantwortung seinen jungen Lesern gegenüber hat, und sei es nur eine sprachliche. Als das Buch in die dritte oder vierte Auflage ging, entschloss ich daher, in Abstimmung mit dem Verlag einige Änderungen am Text vorzunehmen. Wohl gemerkt, keine inhaltlichen – als so schwer wiegend empfand ich meine Verantwortung dann doch nicht. Aber was Ausdruck, Satzstellung und Grammatik betraf, wurde der Gemüsegarten des Grauens ein wenig gerodet. Damals konnte ich nicht ahnen, dass bald darauf die Rechtschreibreform viel schlimmere Schäden anrichten würde. Die Arbeit hätte ich mir also eigentlich schenken können.

Was mich aber nach wie vor freut: Neben diesen Ausbesserungsarbeiten kam es auch zu einer Erweiterung von *Dirk und*

ich um eine – nämlich die letzte – Geschichte, *Agathe auf großer Fahrt*. Diese Story hatte zwar im Manuskript von Anfang an existiert, im Buch aber bisher gefehlt. Im Verlag war man der Meinung gewesen, es sei sowieso zu lang, es flögen schon genug Kinder und Haushaltsgeräte durch die Gegend und jene letzte Geschichte sei auch gar nicht sonderlich witzig … Für eine lange Weile hatte ich deshalb unzufrieden vor einem Buch gestanden, dessen Ende merkwürdig in der Luft hing. Nun aber – endlich! – bereicherte der Abschluss mit der Klassenfahrt plus Schildkröte *Dirk und ich* um genau jenes Sonnenuntergangs-Ende, das ich schon immer als passend empfunden hatte.

Und das mir als Kind gefehlt hat. Es gibt einen düsteren Hintergrund zu *Dirk und ich*, der im Buch selber keine Erwähnung findet, und wenn ich ihn hier kurz anreiße, dann nur deshalb, weil ohne ihn dieses Buch – oder besser: die Geschichte dieses Buchs – nicht vollständig wäre. Als ich *Dirk und ich* damals schrieb, war ich mir dessen gar nicht bewusst, aber viel später stellte ich fest, dass ich damit für Dirk und mich so etwas wie eine Wunschkindheit entworfen hatte. Das lag an unserem Vater. Im Buch ist er ein netter Kerl, und der konnte er in der Wirklichkeit ebenfalls sein, und witzig und großzügig noch dazu. Aber er war auch ein sehr launenhafter Mann, zutiefst mit sich im Unreinen, so dass er schnell wütend wurde, und wenn er wütend war, schlug er um sich, und oft traf er uns. Die Angst, die wir vor der Unberechenbarkeit unseres Vaters hatten, fehlt völlig in *Dirk und ich*. Ich habe sie weggeschrieben. Solche Angst sollte in jeder Kindheit fehlen. (Für die Literaturforscher unter

euch: Es gibt eine Kurzgeschichte von mir, sie ist in dem Erzähl-
band *Froschmaul* enthalten und trägt den Titel *Helle Nacht*. Ich
weiß nicht mehr genau, wann ich diese Geschichte geschrieben
habe, aber ich weiß noch sehr gut, dass ich sie absichtlich mit
demselben ersten Satz beginnen ließ, mit dem auch *Dirk und ich*
beginnt: *Der erste Schnee fiel in diesem Jahr Anfang Dezember, an
einem Samstag.* Wenigstens einmal wollte ich beschrieben haben, wie es in unserer Kindheit wirklich gewesen war für Dirk
und mich.)

Manchmal denke ich: Wer hat denn da *Zack!* gesagt und
die letzten 25 Jahre fortgezaubert? *Dirk und ich* war immer bei
mir, so wie auch Dirk und Björn immer bei mir gewesen sind,
bis heute. Ungezählte Male habe ich aus meinem ersten Buch
vorgelesen, habe das Lachen ungezählter Kinder und Erwachse-
ner gehört, und es ist ein großes, mich sehr dankbar findendes
Glück, dass diese kleine Geschichtensammlung so beliebt war
und ist, dass sie niemals vom Buchmarkt verschwand.

Neben der am häufigsten gestellten Frage – sind die Geschichten wirklich passiert? – war von Anfang an die zweithäu-
figste: Wird es eine Fortsetzung geben? Hm ... Was ihr in den
Händen haltet, ist keine wirkliche Fortsetzung. Es ist eher eine
zweite Erweiterung. Denn natürlich habe ich immer mal wieder
überlegt, ob ich nicht so etwas wie *Die Rückkehr von Dirk und
ich – Wie wir unsere Eltern endgültig in die Klapsmühle trieben*
hinkriegen würde, einfach deshalb, weil ich weiß, dass meine
Leser genauso gern lachen wie ich selber. Aber, ganz ehrlich:
Eingefallen sind mir bloß vier erzählenswerte Geschichten.

Zwei davon – *Das Baumhaus* und *Das Wasser kommt, das Wasser kommt!* – findet ihr in dieser Ausgabe, die mein Verlag mir zum 25. Geburtstag von *Dirk und ich* funkelnagelneu schenkt, mit großartigen Bildern von Peter Schössow und mit Fotos aus Dirks und meiner Kinderzeit.

Die beiden anderen Geschichten hebe ich auf. Schließlich wird *Dirk und ich* ja irgendwann mal fünfzig.

1991

1994

1999

2006

2008

2016

MIT DER FUNDNUDEL
FING ALLES AN

Andreas Steinhöfel
**RICO, OSKAR UND DIE
TIEFERSCHATTEN**
Hardcover
224 Seiten
ISBN 978-3-551-55673-8
Auch als Taschenbuch und E-Book
erhältlich

EIGENTLICH SOLL RICO ja nur ein Ferientagebuch führen. Schwierig genug für einen, der leicht den roten oder den grünen oder auch den blauen Faden verliert. Aber als er dann auch noch Oskar mit dem blauen Helm kennenlernt und die beiden dem berüchtigten ALDI-Kidnapper auf die Spur kommen, geht es in seinem Kopf ganz schön durcheinander. Doch zusammen mit Oskar verlieren sogar die Tieferschatten etwas von ihrem Schrecken. Es ist der Beginn einer wunderbaren Freundschaft …

DURCH DIE STRASSEN VON BERLIN

Andreas Steinhöfel
BESCHÜTZER DER DIEBE
Taschenbuch
304 Seiten
ISBN 978-3-551-35665-9
Auch als E-Book erhältlich

EIN ZETTEL MIT EIN PAAR ZAHLEN UND BUCHSTABEN, darunter eine unregelmäßige Zickzack-Linie. Das ist alles, was Guddie, Olaf und Dags in den Händen haben, um eine zufällig beobachtete Entführung aufzuklären – die ihnen leider niemand glaubt. Unbeirrt machen sich die drei daran, den Fall zu lösen. Eine atemlose Jagd durch Berlin beginnt, die ihnen jede Menge Abenteuer und eine heiße Spur beschert – und die ganz nebenbei ein neues Licht auf ihre Freundschaft wirft ...

DIE SCHRÖDERS
SIND ZURÜCK!

Andreas Steinhöfel
**PAUL VIER UND DIE
SCHRÖDERS**
Taschenbuch
160 Seiten
ISBN 978-3-551-35743-4
Auch als E-Book erhältlich

DIE »NEUEN« SIND DA! Weil die Schröders alles andere als eine normale Familie sind, ist in der gediegenen Ulmenstraße bald die Hölle los. Denn fast jeden Tag sorgt eins der vier Schröder-Kinder für Ärger und Aufregung in der Nachbarschaft. Nur Paul Walser, genannt Paul Vier, mag die Schröders, vor allem Delphine mit den wunderschönen grünen Chromaugen. Aber auch er muss hilflos mit ansehen, wie sich die Ereignisse dramatisch zuspitzen.

WWW.CARLSEN.DE

MIT DEM TRAKTOR
NACH BERLIN

Martin Muser
**KANNAWONIWASEIN!
MANCHMAL MUSS MAN
EINFACH VERDUFTEN**
Hardcover
176 Seiten
ISBN 978-3-551-55375-1
Auch als E-Book erhältlich

KANNAWONIWASEIN! Da fährt Finn zum ersten Mal alleine mit dem Zug nach Berlin – und wird prompt beklaut. Zu allem Übel schmeißt ihn dann noch der Schaffner raus, mitten im Nirgendwo. Aber so lernt Finn Jola kennen, die immer einen flotten Spruch draufhat und weiß, wie man auf eigene Faust in die »Tzitti« kommt. Eine abenteuerliche Reise durch die Walachei beginnt, auf der die beiden einen Traktor kapern, im Wald übernachten, einem echten Wolf begegnen, Finns Rucksack zurückerobern – und richtig dicke Freunde werden.

WWW.CARLSEN.DE

Unser Versprechen für mehr Nachhaltigkeit
• Klimaneutrales Produkt
• Papiere aus nachhaltigen und kontrollierten Quellen
• Hergestellt in Europa

FSC
www.fsc.org

MIX
Papier aus verantwor-
tungsvollen Quellen
FSC® C083411

Veröffentlich im Carlsen Verlag
Januar 2022
© 1991, 2002, 2006, 2008, 2016, 2022 Carlsen Verlag GmbH, Hamburg
Umschlag- und Innenillustrationen: Peter Schössow
Umschlaggestaltung: formlabor nach der Vorlage von Peter Schössow
ISBN 978-3-551-31851-0